NEW

프랑스어
기초문법

왕초보를 위한 가장 쉬운 프랑스어 기초 문법서

박미선(Emma) · 시원스쿨프랑스어연구소 저

추가 학습 자료   저자 직강 유료 동영상 강의   프랑스어 필수동사표 100 PDF   문법 활용 예문 쓰기 노트 100 PDF

S 시원스쿨닷컴

CONTENTS

pré 01
프랑스어 명사에는 성별이 있다.

ÉTAPE 1. 오늘의 핵심 Point

명사의 성과 수

❶ 자연의 성
❷ 문법의 성
❸ 복수형

ÉTAPE 2. 오늘의 학습 내용

❶ 자연의 성 : 생물학적으로 성이 정해져 있음.

남성	여성
homme 남자, 인간	femme 여자, 부인
garçon 소년	fille 소녀, 딸
père 아버지	mère 어머니

• 여성형 : 남성형 + e

남성	여성
étudiant (남) 학생	étudiante (여) 학생
avocat (남) 변호사	avocate (여) 변호사
Français (남) 프랑스인	Française (여) 프랑스인

• 여성형 : en → enne, eur → rice / euse

남성	여성
Coréen (남) 한국인	Coréenne (여) 한국인
acteur (남) 배우	actrice (여) 배우
chanteur (남) 가수	chanteuse (여) 가수

• 남성형 = 여성형

남성	여성
journaliste (남) 기자	journaliste (여) 기자
Russe (남) 러시아인	Russe (여) 러시아인
professeur (남) 교수	professeur (여) 교수

❷ 문법의 성 : 문법적으로 성이 정해져 있음.

• 남성명사

soleil 태양, 해	ciel 하늘
lait 우유	livre 책

✿ ment, eau, oir, age로 끝나는 명사

appartement 아파트	bureau 책상, 사무실
soir 저녁	voyage 여행

• 여성명사

pomme 사과	école 학교
musique 음악	table 탁자

✿ tion, sion, ure, té로 끝나는 명사

station 정류장	télévision 텔레비전
voiture 자동차	université 대학교

❸ 복수형 : 단수 명사 + s

단수	복수
livre 책	livres 책들
pomme 사과	pommes 사과들
Russe 러시아인	Russes 러시아인들

예외 eau, al 로 끝나는 단수 명사 → aux

단수	복수
bateau 배	bateaux 배들
oiseau 새	oiseaux 새들
animal 동물	animaux 동물들

ÉTAPE 3. QUIZ 연습 문제

Q. 다음 명사의 알맞은 성을 고르세요.

livre 책	☐ 남	☐ 여
vêtement 옷	☐ 남	☐ 여
situation 상황	☐ 남	☐ 여
courage 용기	☐ 남	☐ 여

정답 남, 남, 여, 남

명사의 성 구분

❶ 자연의 성

- 생물학적으로 성이 정해진 명사

  homme, femme, garçon, fille …

- 여성명사 : 남성명사 + e, en → enne, eur → rice / euse

  étudiant, étudiante / Coréen, Coréenne / chanteur, chanteuse

❷ 문법의 성

- 남성명사 : ment, eau, oir, age로 끝나는 명사

  appartement, bureau, soir, voyage

- 여성명사 : tion, sion, ure, té로 끝나는 명사

  station, télévision, voiture, université

❸ 복수형 : 단수 명사 + s

예외 eau, al 로 끝나는 단수 명사 → aux

livres, pommes, bateaux, animaux

한 소년, 어떤 소녀, 그 자동차

ÉTAPE 1. 오늘의 핵심 Point

> **프랑스어 관사**
> ❶ 부정관사
> ❷ 정관사

ÉTAPE 2. 오늘의 학습 내용

❶ 부정관사 : (정해지지 않은) 어떤, 하나의, 몇몇의
  → 불특정한 대상 지칭

	남성	여성
단수	un	une
복수	des	

⚠ 관사는 명사 앞에 위치 (관사+명사)

un stylo 한 개의, 어떤 볼펜	une pomme 한 개의, 어떤 사과
des stylos 몇몇 개의 볼펜들	des pommes 몇몇 개의 사과들
un garçon 한, 어떤 소년	une fille 한, 어떤 소녀
des garçons 몇몇 소년들	des filles 몇몇 소녀들

❷ 정관사 : (정해진) 그, (명사)라는 것
→ 특정한/한정적 대상, 유일한 대상, 총체적인 대상 지칭

	남성	여성
단수	le (l')	la (l')
복수	les	

• 특정한 대상

le stylo 그 볼펜	la pomme 그 사과
les stylos 그 볼펜들	les pommes 그 사과들

le livre de Paul	les voitures de Marie
Paul의 책	Marie의 자동차들

• 유일한 대상

le soleil 해, 태양	la lune 달
le Japon 일본	la Corée 한국
le français 프랑스어	la tour Eiffel 에펠탑

• 총체적인 대상

le métro 지하철	la radio 라디오
la santé 건강	le sport 운동

✿ 모음이나 무음h로 시작하는 명사 앞에서 l'로 축약

l'étudiant (남) 학생	l'école 학교
l'homme 남자, 인간	l'heure 시간

Q. 단어와 해석을 보고 알맞은 관사를 고르세요.

- _____ homme   한, 어떤 남자
  ① un ② le ③ l'

- _____ voitures   그 자동차들
  ① une ② les ③ des

- _____ chien de Julie   Julie의 강아지
  ① un ② le ③ les

- _____ Italie   이탈리아
  ① une ② la ③ l'

정답 ①, ②, ②, ③

프랑스어 관사

❶ 부정관사 – 불특정한 대상 지칭

un	단수 명사	어떤, 하나의 명사
une		
des	복수 명사	몇몇의 명사들

un stylo, une pomme, des garçons

❷ 정관사 – 특정한/한정적 대상, 유일한 대상, 총체적인 대상 지칭

le(l')	단수 명사	그 명사
la(l')		
les	복수 명사	그 명사들

le stylo, le livre de Paul, les pommes, la lune, le Japon,
la tour Eiffel, la santé

Leçon 01

나는 Emma다.

ÉTAPE 1. 오늘의 핵심 Point

> **être 동사** : ~이다, 있다, ~하다
> ❶ être 동사 변형
> ❷ être 동사 활용

ÉTAPE 2. 오늘의 학습 내용

❶ être 동사 변형

나	Je	suis
너	Tu	es
그	Il	
그녀	Elle	est
우리	Nous	sommes
너희 당신(들)	Vous	êtes
그들	Ils	
그녀들	Elles	sont

❷ être 동사 활용

주어	être	명사 이름 / 직업명사 / 국적명사	주어는 **명사**이다.
		형용사	주어는 **형용사**하다.

⚠ 명사와 형용사는 주어에 성·수일치

1) 주어 + **être** + 명사(이름/직업/국적) : <u>주어</u>는 <u>명사</u>이다.

① 명사(이름/직업/국적)

Je suis Emma.	나는 Emma다.
Tu es Paul.	너는 Paul이다.
Il est Paul. (X) → C'est Paul.	그는 Paul이다. (X) → 이 사람은 Paul이다.
Elle est Marie. (X) → C'est Marie.	그녀는 Marie다. (X) → 이 사람은 Marie다.

② 명사(이름/직업/국적)

étudiant	(남) 학생
étudiante	(여) 학생
acteur	(남) 배우
actrice	(여) 배우

· Je suis étudiant.   (남) 나는 학생이다.

  Je suis étudiante.   (여) 나는 학생이다.

· Tu es acteur.   (남) 너는 배우이다.

  Tu es actrice.   (여) 너는 배우이다.

③ 명사(이름/직업/국적)

Coréen	(남) 한국인
Coréenne	(여) 한국인
Français	(남) 프랑스인
Française	(여) 프랑스인

· Je suis Coréen.   (남) 나는 한국인이다.

  Je suis Coréenne.   (여) 나는 한국인이다.

· Il est Français.   그는 프랑스인이다.

  Elle est Française.   그녀는 프랑스인이다.

✿ 잠깐!

– 주어가 복수일 때, 단수 명사 + s

· Ils sont Français.   그들은 프랑스인이다.

· Elles sont Françaises.   그녀들은 프랑스인이다.

2) 주어 + **être** + 형용사 : <u>주어</u>는 <u>형용사</u>하다.

petit	(남) (키가) 작은
petite	(여) (키가) 작은
grand	(남) (키가) 큰
grande	(여) (키가) 큰

· Je suis petit.   (남) 나는 키가 작다.

· Tu es grande.   (여) 너는 키가 크다.

✿ 잠깐!

– 주어가 복수일 때, 형용사 단수형 + s

· Ils sont petits.   그들은 키가 작다.

· Elles sont grandes.   그녀들은 키가 크다.

ÉTAPE 3.   QUIZ 연습 문제

Q. 빈칸에 알맞은 être 동사 변형을 고르세요.

· Je _____ Coréenne. 나는 한국인이다.
　① suis ② es ③ est

· Ils _____ grands. 그들은 키가 크다.
　① sommes ② êtes ③ sont

Q. 다음 중 틀린 문장을 고르세요.

① Je suis Emma.
② Tu es Paul.
③ Elle est Sophie.

정답 ①, ③, ③ (→ C'est Sophie.)

être 동사 : ~이다, 있다, ~하다

❶ être 동사 변형

Je	suis	Nous	sommes
Tu	es	Vous	êtes
Il	est	Ils	sont
Elle		Elles	

❷ être 동사 활용

주어	être	명사 이름 / 직업명사 / 국적명사	주어는 **명사**이다.
		형용사	주어는 **형용사**하다.

⚠ 명사와 형용사는 주어에 성·수일치

1) 주어 + **être** + 명사(이름/직업/국적)

Je suis Emma. C'est Paul.

Tu es acteur. Elle est Française.

Ils sont Français. Elles sont Françaises.

2) 주어 + **être** + 형용사

Je suis petit. Elles sont grandes.

1) 다음 빈칸에 알맞은 être 동사 변화형을 써보세요.

Je	①		Nous	⑤
Tu	②		Vous	⑥
Il	③		Ils	⑦
Elle	④		Elles	⑧

2) 이름을 소개하는 문장을 프랑스어로 써보세요.

· 나는 Emma다.　→ ① _____

· 이 사람은 Marie다. → ② _____

3) 성·수일치에 주의하며 직업과 국적을 소개하는 문장을 프랑스어로 써보세요.
(학생 étudiant, 한국인 Coréen)

· 그녀들은 학생이다.　→ ① _____

· 나(여)는 한국인이다. → ② _____

4) 성·수일치에 주의하며 주어를 묘사하는 문장을 프랑스어로 써보세요.
(작은 petit)

· 그들은 키가 작다.　→ _____

정답

1) ① suis ② es ③ est ④ est ⑤ sommes ⑥ êtes ⑦ sont ⑧ sont
2) ① Je suis Emma. ② C'est Marie.
3) ① Elles sont étudiantes. ② Je suis Coréenne.
4) Ils sont petits.

Leçon
02
맛있는 와인, 예쁜 집

ÉTAPE 1. 오늘의 핵심 Point

> **형용사** : 명사 수식
>
> ❶ 형용사의 여성형
> ❷ 형용사의 복수형
> ❸ 형용사의 위치

ÉTAPE 2. 오늘의 학습 내용

❶ 형용사의 여성형

• 남성 단수형 = 기본형

남성형
petit (키가) 작은
grand (키가) 큰
joli 예쁜
lourd 무거운

1) 원칙 : 남성형 + e → 명사 변형과 동일

남성형	여성형
petit (키가) 작은	petite
grand (키가) 큰	grande
joli 예쁜	jolie
lourd 무거운	lourde

🌟 잠깐!

− 남성형이 e로 끝나면 여성형 형태 동일

남성형	여성형
rapide 빠른	rapide
rouge 빨간색의	rouge

2) 남성형(-er) → ère

남성형	여성형
léger 가벼운	légère
cher 비싼, 친애하는	chère

3) 남성형(-x) → se

남성형	여성형
heureux 행복한	heureuse
jaloux 질투하는	jalouse

4) 남성형(-f) → ve

남성형	여성형
actif 활발한	active
positif 긍정적인	positive

5) 남성형(-en, -on, -et, -el, -eil) → 마지막 자음 중복 + e

남성형	여성형
coréen 한국(인)의	coréenne
bon 좋은, 맛있는	bonne
violet 보라색의	violette
officiel 공식적인	officielle

❷ 형용사의 복수형

1) 남성/여성 단수형 + s → 명사 변형과 동일

남성형	여성형
petits (키가) 작은	petites
grands (키가) 큰	grandes

2) 남성 단수형(-eau) + x

남성형	여성형
beau 잘생긴	belle 아름다운
→ beaux	→ belles

3) 남성 단수형(-al) → aux

남성형	여성형
spécial 특별한	spéciale 특별한
→ spéciaux	→ spéciales

⭐ 잠깐!

– 남성 단수형이 s, x로 끝나면 복수형 불변

남성형	여성형
gros 뚱뚱한	grosse 뚱뚱한
→ gros	→ grosses

남성형	여성형
faux 틀린	fausse 틀린
→ faux	→ fausses

❸ 형용사의 위치

1) 명사 앞에 위치 (형용사 + 명사) : 사용 빈번, 짧은 음절

un beau garçon	잘생긴 소년
un petit bateau	작은 배
un bon vin	맛있는 와인
une jolie maison	예쁜 집

2) 명사 뒤에 위치 (명사 + 형용사) : 국적/형태/색깔/긴 음절

un professeur français	프랑스인 교수
une table ronde	둥근 탁자
un moulin rouge	빨간 풍차
une femme élégante	우아한 여성

3) 명사 앞, 뒤에 모두 위치 : 위치에 따른 의미 변화

un grand homme	위대한 남자(사람)
un homme grand	키가 큰 남자

ÉTAPE 3. QUIZ 연습 문제

Q. 주어진 형용사의 알맞은 위치를 고르세요.

noir 검은색의

· un (①) manteau (②) 검은색 코트

Q. 주어진 형용사를 알맞은 위치에 넣으세요.

bon 맛있는 / blanc 흰색의

· un (　　) vin (　　) 맛있는 화이트 와인

정답 ②, bon / blanc

형용사

❶ 형용사의 여성형

• 남성 단수형 = 기본형

1) 원칙 : 남성형 + e → 명사 변형과 동일

petite, grande, jolie, lourde ...

⚠ 남성형이 e로 끝나면 여성형 형태 동일 : rapide, rouge

2) 남성형(-er) → ère : légère, chère

3) 남성형(-x) → se : heureuse, jalouse

4) 남성형(-f) → ve : active, positive

5) 남성형(-en, -on, -et, -el, -eil) → 마지막 자음 중복 + e

coréenne, bonne, violette, officielle

❷ 형용사의 복수형

1) 남성/여성 단수형 + s → 명사 변형과 동일

petits, petites

2) 남성 단수형(-eau) + x : beaux

3) 남성 단수형(-al) → aux : spéciaux

⚠ 남성 단수형이 s, x로 끝나면 복수형 불변 : gros, faux

❸ 형용사의 위치

1) 명사 앞에 위치 (형용사 + 명사) : 사용 빈번, 짧은 음절

un beau garçon, une jolie maison

2) 명사 뒤에 위치 (명사 + 형용사) : 국적/형태/색깔/긴 음절

un professeur français, un moulin rouge

3) 명사 앞, 뒤에 모두 위치 : 위치에 따른 의미 변화

un grand homme, un homme grand

1) 주어진 형용사의 여성형을 적으세요.

petit	①	heureux	④
léger	②	actif	⑤
bon	③	beau	⑥

2) 주어진 형용사의 남성 복수형을 적으세요.

grand	①	spécial	③
gros	②	faux	④

3) 형용사의 어순과 성·수일치에 주의하여 프랑스어로 써보세요.

• 작은 집 → ① une _____

• 예쁜 배 → ② un _____

정답
1) ① petite ② légère ③ bonne ④ heureuse ⑤ active ⑥ belle
2) ① grands ② gros ③ spéciaux ④ faux
3) ① petite maison ② joli bateau

이것은 자동차다.

C'est와 Ce sont

❶ C'est + 관사·단수 명사
❷ Ce sont + 관사·복수 명사

❶ C'est + 관사·단수 명사 : 이것은 단수 명사이다.

Ce		est		C'est
이, 그, 저것 (지시대명사)	+	~이다	→	이것은 ~이다

· C'est un livre.   이것은 책이다.

· C'est une voiture.   이것은 자동차다.

· C'est le soleil.   이것은 해(태양)다.

· C'est le sac de Julie.   이것은 Julie의 가방이다.

· C'est la France.   이것이 프랑스다.

· C'est la vie.   이것이 인생이다.

Vocabulaire

livre n.m 책 | voiture n.f 자동차 | soleil n.m 해, 태양 | sac n.m 가방 | France n.f 프랑스 |
vie n.f 인생, 삶

☑ 하나만 더!

– **C'est** + 관사·단수 명사/이름(관사**X**)

  : 이 사람은 <u>명사</u>이다/이 사람은 <u>이름</u>이다.

  · C'est Paul.   이 사람은 **Paul**이다.

  · C'est Julie.   이 사람은 **Julie**다.

  · C'est un enfant.   이 사람은 아이다.

  · C'est une amie.   이 사람은 (여)친구다.

  · C'est un acteur.   이 사람은 (남)배우다.

  · C'est une chanteuse.   이 사람은 (여)가수다.

Vocabulaire

enfant n. 아이 | amie n.f (여)친구 | acteur n.m (남)배우 | chanteuse n.f (여)가수

---

❷ **Ce sont** + 관사·복수 명사 : 이것들은 <u>복수 명사</u>이다.

Ce		sont		Ce sont
이, 그, 저것들 (지시대명사)	+	~이다	→	이것들은 ~이다

  · Ce sont des livres.   이것들은 책이다.

  · Ce sont des voitures.   이것들은 자동차다.

  · Ce sont des lunettes.   이것은 안경이다.

  · Ce sont les vacances.   (이것들은) 휴가다.

Vocabulaire

lunettes n.f.pl 안경 | vacances n.f.pl 휴가

☑️ 하나만 더!

– Ce sont + 관사·복수 명사/이름(관사X)

: 이 사람들은 명사이다/이 사람들은 <u>이름</u>이다.

· Ce sont Paul et Julie.   이 사람들은 Paul과 Julie다.

· Ce sont des étudiants.   이 사람들은 (남)학생이다.

· Ce sont les parents de Paul.   이 사람들은 Paul의 부모님이다.

Vocabulaire

parents n.m.pl 부모님

ÉTAPE 3.   QUIZ 연습 문제

Q. 주어진 문장을 보고 빈칸에 C'est, Ce sont 중 알맞은 것을 넣으세요.

· (   ) des bateaux. 이것들은 배다. (배 bateau)

· (   ) une bonne idée. 이것은 좋은 생각이다. (좋은 생각 bonne idée)

정답 Ce sont, C'est

C'est와 Ce sont

❶ C'est + 관사·단수 명사/이름(관사X)

C'est un livre.

C'est le sac de Julie.

C'est Paul.

C'est un enfant.

❷ Ce sont + 관사·복수 명사/이름(관사X)

Ce sont des livres.

Ce sont les vacances.

Ce sont Paul et Julie.

Ce sont des étudiants.

1) 빈칸을 채워 넣으세요.

- 이것은 책이다. → ① _____ un livre.

- 이것은 자동차다. → ② _____ une voiture.

- 이것은 안경이다. → ③ _____ des lunettes.

2) C'est 를 사용하여 프랑스어로 써보세요.

- 이 사람은 Paul이다. → ① _____

- 이 사람은 (남)배우다. → ② _____

- 이것이 인생이다.   → ③ _____

3) C'est 또는 Ce sont 을 사용하여 프랑스어로 써보세요.

- 이것이 해(태양)다.   → ① _____

- 이 사람들은 (여)가수들이다. → ② _____

정답

1) ① C'est ② C'est ③ Ce sont
2) ① C'est Paul.
   ② C'est un acteur.
   ③ C'est la vie.
3) ① C'est le soleil.
   ② Ce sont des chanteuses.

04
이 영화는 재미있다.

ÉTAPE 1. 오늘의 핵심 Point

> **지시형용사** : '이, 그, 저'로 해석. 명사를 지시할 때 사용
>
> ❶ 지시형용사의 형태
> ❷ 지시형용사의 활용

ÉTAPE 2. 오늘의 학습 내용

❶ 지시형용사의 형태

• 뜻 : 이, 그, 저~

	남성	여성	
단수	ce (cet)	cette	+ 명사
복수		ces	

⚠ 명사 앞에 위치

❷ 지시형용사의 활용

1) 지시형용사(단수형) + 단수 명사 : 이, 그, 저 <u>명사</u>

ce livre	이 책, 그 책, 저 책
ce film	이 영화, 그 영화, 저 영화
cette fleur	이 꽃, 그 꽃, 저 꽃
cette école	이 학교, 그 학교, 저 학교

Vocabulaire

livre n.m 책 | film n.m 영화 | fleur n.f 꽃 | école n.f 학교

✯ 잠깐!

– 모음이나 무음h로 시작하는 남성 단수 명사 앞에서 ce → cet

cet arbre	이 나무, 그 나무, 저 나무
cet homme	이 남자, 그 남자, 저 남자
cet enfant	이 (남)아이, 그 아이, 저 아이
cette enfant	이 (여)아이, 그 아이, 저 아이

Vocabulaire

arbre n.m 나무 | homme n.m 남자 | enfant n. 아이

2) 지시형용사(복수형) + 복수 명사 : 이, 그, 저 명사들

ces livres	이 책들, 그 책들, 저 책들
ces fleurs	이 꽃들, 그 꽃들, 저 꽃들
ces écoles	이 학교들, 그 학교들, 저 학교들
ces hommes	이 남자들, 그 남자들, 저 남자들

· Ce film est intéressant.　　　　　이 영화는 재미있다.

· Cette fleur est jolie.　　　　　　　이 꽃은 예쁘다.

· Cette école est grande.　　　　　이 학교는 크다.

· Cet enfant est petit.　　　　　　　이 (남)아이는 키가 작다.

· Cette enfant est petite.　　　　　이 (여)아이는 키가 작다.

· Cet homme est beau.　　　　　　이 남자는 잘생겼다.

· Ces livres sont intéressants.　　　이 책들은 재미있다.

· Ces filles sont intelligentes.　　　이 소녀들은 똑똑하다.

· Ces sacs sont jolis.　　　　　　　이 가방들은 예쁘다.

· Ces sacs noirs sont jolis.　　　　이 검은색 가방들은 예쁘다.

· Ces tables sont chères.　　　　　이 탁자들은 비싸다.

· Ces tables rondes sont chères.　이 둥근 탁자들은 비싸다.

Vocabulaire

intéressant a. 재미있는 | fille n.f 소녀, 딸 | intelligent a. 똑똑한 | noir a. 검은색의 |
cher a. 비싼 | rond a. 둥근

Q. 주어진 문장을 보고 ce, cette, ces 중 알맞은 형태를 빈칸에 넣으세요.

- (   ) arbres sont grands. 이 나무들은 크다.

- (   ) enfant est joli. 이 (남)아이는 귀엽다.

- (   ) voiture est chère. 이 자동차는 비싸다.

정답 Ces, Cet, Cette

지시형용사 : 이, 그, 저~

❶ 지시형용사의 형태

	남성	여성
단수	ce (cet)	cette
복수	ces	

❷ 지시형용사의 활용

ce livre, cette école, cet enfant, ces livres, ces fleurs, ces hommes

Ce film est intéressant.

Cette école est grande.

Cet homme est beau.

Ces tables rondes sont chères.

1) 주어진 문장을 보고 지시형용사 ce, cette, ces 중 알맞은 형태를 빈칸에 넣으세요.

① (   ) fleur est jolie. 이 꽃은 예쁘다.

② (   ) fleurs sont jolies. 이 꽃들은 예쁘다.

③ (   ) garçon est intelligent. 이 소년은 똑똑하다. (소년 garçon)

2) 지시형용사를 사용하여 다음 문장을 프랑스어로 써보세요.

• 이 남자는 잘생겼다.   → ① _____

• 이 영화들은 재미있다.   → ② _____

• 이 학교는 작다.   → ③ _____

3) 지시형용사를 사용하여 다음 문장을 프랑스어로 써보세요.

• 이 둥근 탁자들은 비싸다. → ① _____

• 이 검은색 탁자는 예쁘다. → ② _____

정답

1) ① Cette ② Ces ③ Ce
2) ① Cet homme est beau.
    ② Ces films sont intéressants.
    ③ Cette école est petite.
3) ① Ces tables rondes sont chères.
    ② Cette table noire est jolie.

Leçon
05
나의 친구

ÉTAPE 1. 오늘의 핵심 Point

> **소유형용사** : '나의~, 너의~'로 해석. 명사의 소유주를 나타냄.
>
> ❶ 소유형용사 단수 인칭
> ❷ 소유형용사 복수 인칭

ÉTAPE 2. 오늘의 학습 내용

■ 소유형용사

단수 인칭	복수 인칭	
"나의"	"우리의"	+ 명사
"너의"	"너희, 당신(들)의"	
"그, 그녀의"	"그들, 그녀들의"	

⚠ 명사 앞에 위치

❶ 소유형용사 단수 인칭

1) 나의

남성 단수	여성 단수	복수
mon	ma	mes

2) 너의

남성 단수	여성 단수	복수
ton	ta	tes

3) 그, 그녀의

남성 단수	여성 단수	복수
son	sa	ses

⚠ 소유주의 성은 중요하지 않음 → 수식하는 명사의 성이 중요 (그의 명사 = 그녀의 명사)

한 눈에 보기

남성 단수	여성 단수	복수
mon	ma	mes
ton	ta	tes
son	sa	ses

① 소유형용사 단수 인칭 + 명사 활용 예시 (1)

명사	
le père	아버지
la mère	어머니
les parents	부모님

↓

소유형용사 + 명사	
mon père	나의 아버지
ma mère	나의 어머니
mes parents	나의 부모님
ton père	너의 아버지
ta mère	너의 어머니
tes parents	너의 부모님
son père	그(녀)의 아버지
sa mère	그(녀)의 어머니
ses parents	그(녀)의 부모님

⚠ 소유주의 성은 중요하지 않음 → 수식하는 명사의 성이 중요

② 소유형용사 단수 인칭 + 명사 활용 예시 (2)

명사	
le sac	가방
la voiture	자동차
les lunettes	안경

↓

소유형용사 + 명사	
mon sac	나의 가방
ma voiture	나의 자동차
mes lunettes	나의 안경
ton sac	너의 가방
ta voiture	너의 자동차
tes lunettes	너의 안경
son sac	그(녀)의 가방
sa voiture	그(녀)의 자동차
ses lunettes	그(녀)의 안경

✿ 잠깐!

– 모음이나 무음h로 시작하는 여성명사 앞 → 소유형용사 남성형 사용

une école	학교
ma école (X) ➜ mon école	내 학교
un ami	(남) 친구
une amie	(여) 친구
mon ami	나의 (남) 친구
mon amie	나의 (여) 친구

❷ 소유형용사 복수 인칭

1) 우리의

남성 단수	여성 단수	복수
notre	notre	nos

2) 너희, 당신(들)의

남성 단수	여성 단수	복수
votre	votre	vos

3) 그들, 그녀들의

남성 단수	여성 단수	복수
leur	leur	leurs

한 눈에 보기

남성 단수	여성 단수	복수
notre	notre	nos
votre	votre	vos
leur	leur	leurs

① 소유형용사 복수 인칭 + 명사 활용 예시 (1)

명사	
le fils	아들
la fille	딸
les enfants	아이들

↓

소유형용사 + 명사	
notre fils	우리의 아들
notre fille	우리의 딸
nos enfants	우리의 아이들

votre fils	너희, 당신(들)의 아들
votre fille	너희, 당신(들)의 딸
vos enfants	너희, 당신(들)의 아이들
leur fils	그(녀)들의 아들
leur fille	그(녀)들의 딸
leurs enfants	그(녀)들의 아이들

② 소유형용사 복수 인칭 + 명사 활용 예시 (2)

명사	
le vélo	자전거
la maison	집
les gants	장갑

⬇

소유형용사 + 명사	
notre vélo	우리의 자전거
notre maison	우리의 집
nos gants	우리의 장갑
votre vélo	너희, 당신(들)의 자전거
votre maison	너희, 당신(들)의 집
vos gants	너희, 당신(들)의 장갑
leur vélo	그(녀)들의 자전거
leur maison	그(녀)들의 집
leurs gants	그(녀)들의 장갑

• C'est, Ce sont 구문 활용

· C'est mon sac.	이것은 나의 가방이다.
· C'est ton sac.	이것은 너의 가방이다.
· C'est la voiture de Paul.	이것은 Paul의 자동차다.
· C'est sa voiture.	이것은 그의 자동차다.
· C'est la maison de Julie.	이것은 Julie의 집이다.
· C'est sa maison.	이것은 그녀의 집이다.
· Ce sont leurs voitures.	이것은 그들의 자동차들이다.
· C'est mon école.	이것은 나의 학교이다.
· C'est ton appartement.	이것은 너의 아파트다.
· C'est mon père.	이 사람은 나의 아버지이다.
· C'est ma mère.	이 사람은 나의 어머니이다.
· Ce sont mes parents.	이 사람들은 나의 부모님이다.
· C'est votre fils.	이 사람은 당신(들)의 아들이다.
· C'est notre fille.	이 사람은 우리의 딸이다.
· Ce sont leurs enfants.	이 사람들은 그들의 아이들이다.
· C'est ma femme.	이 사람은 나의 부인이다.
· C'est mon mari.	이 사람은 나의 남편이다.

Vocabulaire

école n.f 학교 | appartement n.m 아파트 | femme n.f 여자, 부인 | mari n.m 남편

ÉTAPE 3. QUIZ 연습 문제

Q. 주어진 문장을 보고 알맞은 형태의 소유형용사를 빈칸에 넣으세요.

• (   ) fils est étudiant. 그녀의 아들은 학생이다.

• (   ) parents sont grands. 너의 부모님은 키가 크다.

• (   ) amie est belle. 나의 (여)친구는 예쁘다.

정답 Son, Tes, Mon

소유형용사 : 나의, 너의~

❶ 소유형용사 단수 인칭

남성 단수	여성 단수	복수
mon	ma	mes
ton	ta	tes
son	sa	ses
sac	voiture	lunettes

mon père, ta mère, ses parents, mon amie

C'est mon sac.

C'est ton appartement.

C'est sa voiture.

❷ 소유형용사 복수 인칭

남성 단수	여성 단수	복수
notre	notre	nos
votre	votre	vos
leur	leur	leurs
vélo	maison	gants

notre fils, votre fille, leurs gants

C'est notre fille.

C'est votre fils.

Ce sont leurs enfants.

1) 성·수일치에 주의하며 빈칸에 알맞은 소유형용사를 써보세요.

나의	①		⑦	
너의	②		⑧	
그의	③	**sac** 가방	⑨	**voiture** 자동차
우리의	④		⑩	
당신의	⑤		⑪	
그들의	⑥		⑫	

2) 성·수일치에 주의하며 빈칸에 알맞은 소유형용사를 써보세요.

- 나의 가방들 → ① _____ sacs

- 너의 자동차들 → ② _____ voitures

- 우리의 집 → ③ _____ maison

- 당신의 아파트 → ④ _____ appartement

- 그의 학교 → ⑤ _____ école

- 그들의 아이들 → ⑥ _____ enfants

3) 소유형용사를 사용하여 다음 문장을 프랑스어로 써보세요.

- 이 사람은 내 (여)친구다. → ① _____

- 이 사람은 너의 부인이다. → ② _____

- 이 사람들은 그들의 부모님이다. → ③ _____

- 이 사람은 내 아들이다. → ④ _____

1) ① Mon   ⑦ Ma
   ② Ton   ⑧ Ta
   ③ Son   ⑨ Sa
   ④ Notre   ⑩ Notre
   ⑤ Votre   ⑪ Votre
   ⑥ Leur   ⑫ Leur

2) ① Mes
   ② Tes
   ③ Notre
   ④ Votre
   ⑤ Son
   ⑥ Leurs

3) ① C'est mon amie.
   ② C'est ta femme.
   ③ Ce sont leurs parents.
   ④ C'est mon fils.

Leçon 06

나는 프랑스어를 공부한다.

ÉTAPE 1. 오늘의 핵심 Point

1군 규칙 동사

parler (말하다), étudier (공부하다), aimer (좋아하다), habiter (살다)

ÉTAPE 2. 오늘의 학습 내용

● 인칭에 따른 1군 동사 어미 변형 규칙

Je	-e
Tu	-es
Il Elle	-e
Nous	-ons
Vous	-ez
Ils Elles	-ent

❶ parler (말하다)

1) 인칭에 따른 parler 동사 변형 규칙

Je		-e
Tu		-es
Il Elle	parl	-e
Nous		-ons
Vous		-ez
Ils Elles		-ent

2) parler 동사 활용

① 주어 + parler : 주어는 말한다.

· Je parle.　　　　　　　　　　　나는 말한다.

· Nous parlons.　　　　　　　　　우리는 말한다.

· Vous parlez.　　　　　　　　　　당신은 말한다.

② 주어 + parler + 언어명 : 주어는 언어를 말한다.

• 언어명

coréen	한국어
français	프랑스어
anglais	영어
chinois	중국어

· Je parle coréen.　　　　　　　　나는 한국어를 말한다.

· Tu parles bien coréen.　　　　　너는 한국어를 잘 말한다.

· Il parle français.　　　　　　　　그는 프랑스어를 말한다.

· Elle parle français.　　　　　　　그녀는 프랑스어를 말한다.

· Nous parlons anglais.　　　　　우리는 영어를 말한다.

· Vous parlez anglais.　　　　　　당신은 영어를 말한다.

· Ils parlent chinois.   그들은 중국어를 말한다.

· Elles parlent chinois.   그녀들은 중국어를 말한다.

한 눈에 보기

• 국가명, 국적명, 언어명

국가	국적	언어
la Corée 한국	le Coréen la Coréenne 한국인	le coréen 한국어
la France 프랑스	le Français la Française 프랑스인	le français 프랑스어
l'Angleterre 영국	l'Anglais l'Anglaise 영국인	l'anglais 영어
la Chine 중국	le Chinois la Chinoise 중국인	le chinois 중국어

❷ étudier (공부하다)

1) 인칭에 따른 **étudier** 동사 변형 규칙

J'		-e
Tu		-es
Il Elle	étudi	-e
Nous		-ons
Vous		-ez
Ils Elles		-ent

2) étudier 동사 활용

① 주어 + étudier : 주어는 공부한다.

· J'étudie.	나는 공부한다.
· Nous étudions.	우리는 공부한다.
· Ils étudient.	그들은 공부한다.

② 주어 + étudier + 명사 : 주어는 명사를 공부한다.

· J'étudie le français.	나는 프랑스어를 공부한다.
· Tu étudies le français.	너는 프랑스어를 공부한다.
· Elle étudie l'anglais.	그녀는 영어를 공부한다.
· Nous étudions l'anglais.	우리는 영어를 공부한다.
· Vous étudiez le chinois.	너희는 중국어를 공부한다.
· Ils étudient le chinois.	그들은 중국어를 공부한다.

❸ aimer (좋아하다)

1) 인칭에 따른 aimer 동사 변형 규칙

J'		-e
Tu		-es
Il		
Elle		-e
Nous	aim	-ons
Vous		-ez
Ils		
Elles		-ent

2) aimer 동사 활용

– 주어 + aimer + 정관사·명사 : 주어는 명사를 좋아한다.

· J'aime le chocolat.	나는 초콜릿을 좋아한다.
· Tu aimes la pomme.	너는 사과를 좋아한다.
· Il aime le café.	그는 커피를 좋아한다.
· Nous aimons la France.	우리는 프랑스를 좋아한다.
· Vous aimez la musique.	당신은 음악을 좋아한다.
· Ils aiment les chats.	그들은 고양이를 좋아한다.
· J'aime Paul.	나는 Paul을 사랑한다.
· J'aime bien Paul.	나는 Paul을 좋아한다.

Vocabulaire

chocolat n.m 초콜릿 | pomme n.f 사과 | café n.m 커피 | musique n.f 음악 | chat n.m 고양이

❹ habiter (살다, 거주하다)

1) 인칭에 따른 habiter 동사 변형 규칙

J'		-e
Tu		-es
Il		
Elle		-e
Nous	habit	-ons
Vous		-ez
Ils		
Elles		-ent

2) habiter 동사 활용

– 주어 + habiter + 전치사 à + 명사 : 주어는 명사에 산다.
  – 전치사 à : ~에
  – à + 도시명 : 도시에

• 전치사 à + 도시명

Paris	파리
à Paris	파리에
Séoul	서울
à Séoul	서울에
Tokyo	도쿄
à Tokyo	도쿄에
Londres	런던
à Londres	런던에

· J'habite à Paris.   나는 파리에 산다.

· Tu habites à Séoul.   너는 서울에 산다.

· Elle habite à Tokyo.   그녀는 도쿄에 산다.

· Nous habitons à Londres.   우리는 런던에 산다.

· Elles habitent à Londres.   그녀들은 런던에 산다.

ÉTAPE 3.   QUIZ 연습 문제

Q. 해석을 보고 빈칸에 들어갈 동사를 고르세요.

- Ils _____ japonais. 그들은 일본어를 말한다.
  ① étudies ② parlent ③ aimons

- Nous _____ à Berlin. 우리는 베를린에 산다.
  ① parler ② habitons ③ étudiez

Q. 다음 중 틀린 문장을 고르세요.

① Vous étudiez français.
② Tu parles anglais.
③ Elles habitent à Busan.

정답 ②, ②, ① (→ Vous étudiez le français.)

1군 규칙 동사

● 인칭에 따른 1군 동사 어미 변형 규칙

Je	-e	Nous	-ons
Tu	-es	Vous	-ez
Il Elle	-e	Ils Elles	-ent

❶ 1군 규칙 동사 변형 규칙

1) parler 동사 변형 규칙

Je	parle	Nous	parlons
Tu	parles	Vous	parlez
Il Elle	parle	Ils Elles	parlent

2) étudier 동사 변형 규칙

J'	étudie	Nous	étudions
Tu	étudies	Vous	étudiez
Il Elle	étudie	Ils Elles	étudient

3) aimer 동사 변형 규칙

J'	aime	Nous	aimons
Tu	aimes	Vous	aimez
Il Elle	aime	Ils Elles	aiment

4) **habiter** 동사 변형 규칙

J'	habite	Nous	habitons
Tu	habites	Vous	habitez
Il Elle	habite	Ils Elles	habitent

❷ 1군 규칙 동사 활용 예시

1) **parler** 동사 활용

Je parle coréen. Nous parlons anglais.

2) **étudier** 동사 활용

Tu étudies le français. Vous étudiez le chinois.

3) **aimer** 동사 활용

Il aime le café. Ils aiment les chats.

4) **habiter** 동사 활용

J'habite à Paris. Elles habitent à Londres.

1) 다음 빈칸에 알맞은 parler 동사 변화형을 써보세요.

Je	①	Nous	⑤
Tu	②	Vous	⑥
Il	③	Ils	⑦
Elle	④	Elles	⑧

2) 빈칸에 알맞은 parler 또는 étudier 동사 변화형을 써보세요.

- 우리는 프랑스어를 말한다. → ① Nous _____ français.

- 그들은 한국어를 말한다.   → ② Ils _____ coréen.

- 나는 프랑스어를 공부한다. → ③ J' _____ le français.

- 당신은 한국어를 공부한다. → ④ Vous _____ le coréen.

3) aimer 또는 habiter 동사를 사용하여 프랑스어로 써보세요.

- 나는 음악을 좋아한다. → ① _____

- 그녀는 파리에 산다.   → ② _____

정답

1) ① parle ② parles ③ parle ④ parle
   ⑤ parlons ⑥ parlez ⑦ parlent ⑧ parlent
2) ① parlons ② parlent ③ étudie ④ étudiez
3) ① J'aime la musique.
   ② Elle habite à Paris.

07
나는 배고프다.

ÉTAPE 1. **오늘의 핵심 Point**

> **avoir 동사** : 가지다, 소유하다
> ❶ avoir 동사 변형
> ❷ avoir 동사 활용

ÉTAPE 2. **오늘의 학습 내용**

❶ 인칭에 따른 avoir 동사 변형

나	J'	ai
너	Tu	as
그	Il	a
그녀	Elle	
우리	Nous	avons
너희 당신(들)	Vous	avez
그들 그녀들	Ils Elles	ont

❷ avoir 동사 활용

주어	avoir	관사·명사	주어는 **명사**를 가지고 있다.
		무관사·명사 ⚠	

⚠ 많이 쓰는 표현들 중, 관용적으로 관사를 생략하여 사용하는 경우

1) 주어 + **avoir** + 관사·명사 : 주어는 가지고 있다.

· J'ai un stylo.	나는 볼펜 하나를 가지고 있다.
Tu as un stylo.	너는 볼펜 하나를 가지고 있다.
· Il a une voiture.	그는 차 한 대를 가지고 있다.
Elle a une voiture.	그녀는 차 한 대를 가지고 있다.
· Nous avons des livres.	우리는 책들을 가지고 있다.
Vous avez des livres.	당신은 책들을 가지고 있다.
· Ils ont une maison.	그들은 집 한 채를 가지고 있다.
Elles ont une maison.	그녀들은 집 한 채를 가지고 있다.

Vocabulaire

maison n.f 집

· J'ai un fils.	나는 아들이 하나 있다.
· Nous avons une fille.	우리는 딸이 하나 있다.
· Paul et Marie ont un enfant.	Paul과 Marie는 아이가 한 명 있다.
· Ils ont un chien.	그들은 강아지가 한 마리 있다.
· J'ai une question.	나는 질문이 하나 있다.

Vocabulaire

fils n.m 아들 | fille n.f 딸 | enfant n. 아이 | chien n.m 강아지 | question n.f 질문

2) 주어 + **avoir** + 무관사·명사 → 관용표현

la faim	배고픔, 기근
avoir faim	배고프다
la soif	목마름
avoir soif	목마르다
le chaud	더위
avoir chaud	덥다
le froid	추위
avoir froid	춥다

· J'ai faim.	나는 배고프다.
Tu as faim.	너는 배고프다.
· Il a soif.	그는 목마르다.
Elle a soif.	그녀는 목마르다.
· Nous avons chaud.	우리는 덥다.
Vous avez chaud.	당신은 덥다.
· Ils ont froid.	그들은 춥다.
Elles ont froid.	그녀들은 춥다.

le sommeil	졸음
avoir sommeil	졸리다
la peur	공포, 두려움
avoir peur	두렵다, 무서워하다

· J'ai sommeil.	나는 졸리다.
Tu as sommeil.	너는 졸리다.
Julie a sommeil.	Julie는 졸리다.
· J'ai peur.	나는 두렵다.
Vous avez peur.	당신은 두렵다.
Les enfants ont peur.	아이들은 두렵다.

Q. 해석을 보고 빈칸에 들어갈 동사를 고르세요.

· Ils _____ une jolie maison. 그들은 예쁜 집을 가지고 있다.
  ① avent   ② sont   ③ ont

Q. 해석을 보고 빈칸에 들어갈 단어를 고르세요.

· Vous avez _____. 당신은 덥다.
  ① chaud   ② froid   ③ sommeil

· J'ai _____. 나는 배고프다.
  ① femme   ② faim   ③ pain

정답 ③, ①, ②

avoir 동사 : 가지다, 소유하다

❶ avoir 동사 변형

J'	ai	Nous	avons
Tu	as	Vous	avez
Il		Ils	
Elle	a	Elles	ont

❷ avoir 동사 활용

주어	avoir	관사 · 명사	주어는 **명사를** 가지고 있다.
		무관사 · 명사 ⚠	

⚠ 많이 쓰는 표현들로, 관용적으로 관사를 생략하여 사용하는 경우

1) 주어 + **avoir** + 관사 · 명사 : <u>주어</u>는 가지고 있다.

J'ai un stylo. Elle a une voiture.

Nous avons une fille. Ils ont un chien.

2) 주어 + **avoir** + 무관사 · 명사 → 관용표현

J'ai faim. Il a soif.

Vous avez chaud. Ils ont froid.

J'ai sommeil. Les enfants ont peur.

1) 다음 빈칸에 알맞은 avoir 동사 변화형을 써보세요.

J'	①	Nous	⑤
Tu	②	Vous	⑥
Il	③	Ils	⑦
Elle	④	Elles	⑧

2) avoir 동사를 사용하여 제시된 문장을 프랑스어로 써보세요.

• 나는 차 한 대를 가지고 있다.　→　①　_____

• 우리는 강아지가 한 마리 있다.　→　②　_____

• 당신들은 아이가 한 명 있다.　→　③　_____

• 그는 차들을 가지고 있다.　→　④　_____

3) avoir 동사를 사용하여 제시된 문장을 프랑스어로 써보세요.

• 나는 덥다.　→　①　_____

• 그들은 배고프다.　→　②　_____

• 우리는 목마르다.　→　③　_____

• 그녀들은 두렵다.　→　④　_____

정답

1) ① ai ② as ③ a ④ a ⑤ avons ⑥ avez ⑦ ont ⑧ ont
2) ① J'ai une voiture.
　② Nous avons un chien.
　③ Vous avez un enfant.
　④ Il a des voitures.
3) ① J'ai chaud.
　② Ils ont faim.
　③ Nous avons soif.
　④ Elles ont peur.

Leçon 08
너는 한국인이니?

오늘의 핵심 Point

> ### 의문문
> ❶ 의문문 만들기
> ❷ 의문문에 답하기

오늘의 학습 내용

❶ 의문문 만들기

1) 평서문 + ? (억양↗)

· Tu es Emma.	너는 Emma다.
Tu es Emma ?	너는 Emma니?
· Tu es Coréen.	너는 한국인이다.
Tu es Coréen ?	너는 한국인이니?
· Il est Japonais.	그는 일본인이다.
Il est Japonais ?	그는 일본인이니?

Vocabulaire

Japonais(e) n. 일본인

2) **Est-ce que** + 평서문 ?

· Tu parles français.   너는 프랑스어를 말한다.

  Est-ce que tu parles français ?   너는 프랑스어를 말하니?

· Vous habitez à Paris.   당신은 파리에 산다.

  Est-ce que vous habitez à Paris ? 당신은 파리에 사세요?

· Il a faim.   그는 배고프다.

  Est-ce qu'il a faim ? ⚠ 축약 주의   그는 배고프니?

· Elle a faim.   그녀는 배고프다.

  Est-ce qu'elle a faim ?   그녀는 배고프니?

· Est-ce qu'ils ont froid ?   그들은 춥니?

  Est-ce qu'elles ont froid ?   그녀들은 춥니?

3) 동사-주어 ? (도치)

· Tu es étudiant.   너는 (남)학생이다.

  Es-tu étudiant ? ⚠ '-' 삽입   너는 (남)학생이니?

· Il est étudiant.   그는 학생이다.

  Est-il étudiant ?   그는 학생이니?

· Elle est étudiante.   그녀는 학생이다.

  Est-elle étudiante ?   그녀는 학생이니?

· Ils sont étudiants.   그들은 학생이다.

  Sont-ils étudiants ?   그들은 학생이니?

· Sont-elles étudiantes ?   그녀들은 학생이니?

· Vous aimez le chocolat.   당신은 초콜릿을 좋아한다.

  Aimez-vous le chocolat ?   당신은 초콜릿을 좋아하세요?

· Il aime le sport.   그는 운동을 좋아한다.

  Aime-t-il le sport ? ⚠ 모음 충돌 방지 그는 운동을 좋아하니?

· Ils aiment le sport. 　　　　　　　그들은 운동을 좋아한다.

　Aiment-ils le sport ? 　　　　　　그들은 운동을 좋아하니?

Vocabulaire

sport n.m 운동

· Il a un frère. 　　　　　　　　　그는 남자 형제가 있다.

　A-t-il un frère ? ⚠ 모음 충돌 방지 　그는 남자 형제가 있니?

　A-t-elle un frère ? 　　　　　　그녀는 남자 형제가 있니?

· Ils ont une sœur. 　　　　　　　그들은 여자 형제가 있다.

　Ont-ils une sœur ? 　　　　　　그들은 여자 형제가 있니?

　Ont-elles une sœur ? 　　　　　그녀들은 여자 형제가 있니?

Vocabulaire

frère n.m 남자 형제 ㅣ sœur n.f 여자 형제

❷ 의문문에 답하기

1) 긍정 답변 : Oui

· Tu es Emma ? 　　　　　　　　너는 Emma니?

　Oui, je suis Emma. 　　　　　　응, 나는 Emma야.

· Est-ce que tu es Coréen ? 　　　너는 (남)한국인이니?

　Oui, je suis Coréen. 　　　　　응, 나는 (남)한국인이야.

2) 부정 답변 : Non

· Est-ce que tu es Coréen ? 　　　너는 (남)한국인이니?

　Non, je suis Japonais. 　　　　아니, 나는 (남)일본인이야.

· A-t-il un frère ? 　　　　　　　그는 남자 형제가 있니?

　Non, il a une sœur. 　　　　　아니, 그는 여자 형제가 있어.

Q. 주어진 문장을 3가지 형태의 의문문으로 만드세요.

· Vous êtes Marie. 당신은 Marie이다.

1) _____ 2) _____ 3) _____

· Il a peur. 그는 두렵다.

1) _____ 2) _____ 3) _____

정답 1) Vous êtes Marie ? 2) Est-ce que vous êtes Marie ? 3) Êtes-vous Marie ?
1) Il a peur ? 2) Est-ce qu'il a peur ? 3) A-t-il peur ?

의문문

❶ 의문문 만들기

① 평서문 + ? (억양↗)   Tu es Coréen ?

② Est-ce que + 평서문 ?   Est-ce qu'il a faim ?

③ 동사-주어 ? (도치)   Es-tu étudiant ?
                        A-t-elle un frère ?

❷ 의문문에 답하기

Oui, je suis Coréen.

Non, je suis Japonais.

1) 문장 앞에 **Est-ce que**를 결합하여 의문문을 써보세요.

　　• 너는 (남)학생이니?　→ ① _____

　　• 당신은 파리에 사세요? → ② _____

2) 주어, 동사를 도치하여 의문문을 써보세요.

　　• 그녀는 남자 형제가 있니? → ① _____

　　• 당신은 일본인인가요?　→ ② _____

3) 답변을 보고 질문을 유추하여 제시된 형태로 써보세요.

　　< 평서문 ? >

　　① _____ → Oui, elle est étudiante.

　　< **Est-ce que** 주어 + 동사 ? >

　　② _____ → Oui, nous parlons français.

　　< 동사-주어 ? >

　　③ _____ → Oui, elle a faim.

정답
1) ① Est-ce que tu es étudiant ?
　② Est-ce que vous habitez à Paris ?
2) ① A-t-elle un frère ?
　② Êtes-vous Japonais(e) ?
3) ① Elle est étudiante ?
　② Est-ce que vous parlez français ?
　③ A-t-elle faim ?

그는 파리에 살지 않는다.

ÉTAPE 1. 오늘의 핵심 Point

부정문

❶ 부정문 만들기
❷ 부정의 **de**

ÉTAPE 2. 오늘의 학습 내용

❶ 부정문 만들기

: 주어 **ne** 동사 **pas**

parler 동사		parler 동사 부정문
Je	parle	ne parle pas
Tu	parles	ne parles pas
Il / Elle	parle	ne parle pas
Nous	parlons	ne parlons pas
Vous	parlez	ne parlez pas
Ils / Elles	parlent	ne parlent pas

étudier 동사			étudier 동사 부정문
Je (J')	étudie		n'étudie pas
Tu	étudies		n'étudies pas
Il / Elle	étudie	→	n'étudie pas
Nous	étudions		n'étudions pas
Vous	étudiez		n'étudiez pas
Ils / Elles	étudient		n'étudient pas

habiter 동사			habiter 동사 부정문
Je (J')	habite		n'habite pas
Tu	habites		n'habites pas
Il / Elle	habite	→	n'habite pas
Nous	habitons		n'habitons pas
Vous	habitez		n'habitez pas
Ils / Elles	habitent		n'habitent pas

aimer 동사			aimer 동사 부정문
Je (J')	aime		n'aime pas
Tu	aimes		n'aimes pas
Il / Elle	aime	→	n'aime pas
Nous	aimons		n'aimons pas
Vous	aimez		n'aimez pas
Ils / Elles	aiment		n'aiment pas

긍정	Je parle français.	나는 프랑스어를 말한다.
부정	Je ne parle pas français.	나는 프랑스어를 말하지 않는다.
긍정	Tu étudies l'anglais.	너는 영어를 공부한다.
부정	Tu n'étudies pas l'anglais.	너는 영어를 공부하지 않는다.
긍정	Il habite à Paris.	그는 파리에 산다.
부정	Il n'habite pas à Paris.	그는 파리에 살지 않는다.
긍정	Vous aimez le chocolat.	당신은 초콜릿을 좋아한다.
부정	Vous n'aimez pas le chocolat.	당신은 초콜릿을 좋아하지 않는다.

être 동사		être 동사 부정문
Je	suis	ne suis pas
Tu	es	n'es pas
Il / Elle	est	n'est pas
Nous	sommes	ne sommes pas
Vous	êtes	n'êtes pas
Ils / Elles	sont	ne sont pas

긍정	Je suis Emma.	나는 Emma다.
부정	Je ne suis pas Emma.	나는 Emma가 아니다.
긍정	Tu es Coréen.	너는 (남)한국인이다.
부정	Tu n'es pas Coréen.	너는 (남)한국인이 아니다.
긍정	Il est Coréen.	그는 한국인이다.
부정	Il n'est pas Coréen.	그는 한국인이 아니다.
긍정	Elle est Coréenne.	그녀는 한국인이다.
부정	Elle n'est pas Coréenne.	그녀는 한국인이 아니다.

긍정	Nous sommes étudiants.	우리는 (남)학생이다.
부정	Nous ne sommes pas étudiants.	우리는 (남)학생이 아니다.
긍정	Vous êtes étudiantes.	너희는 (여)학생이다.
부정	Vous n'êtes pas étudiantes.	너희는 (여)학생이 아니다.

긍정	Ils sont étudiants.	그들은 학생이다.
부정	Ils ne sont pas étudiants.	그들은 학생이 아니다.

긍정	C'est un livre.	이것은 책이다.
부정	Ce n'est pas un livre.	이것은 책이 아니다.
긍정	Ce sont des livres.	이것들은 책이다.
부정	Ce ne sont pas des livres.	이것들은 책이 아니다.

avoir 동사		avoir 동사 부정문
Je (J')	ai	n'ai pas
Tu	as	n'as pas
Il / Elle	a	n'a pas
Nous	avons	n'avons pas
Vous	avez	n'avez pas
Ils / Elles	ont	n'ont pas

❷ 부정의 de

: 부정관사(un, une, des) → de

긍정	J'ai un livre.	나는 책 한 권을 가지고 있다.
부정	Je n'ai pas un livre. (X) → Je n'ai pas de livre.	나는 책 한 권이 없다. (X) → 나는 책이 없다.

긍정	Tu as des stylos.	너는 볼펜들을 가지고 있다.
부정	Tu n'as pas de stylos.	너는 볼펜이 없다.
긍정	Nous avons un enfant.	우리는 아이가 한 명 있다.
부정	Nous n'avons pas d'enfant.	우리는 아이가 없다.
긍정	Vous aimez le café.	당신은 커피를 좋아한다.
부정	Vous n'aimez pas le café. ⚠	당신은 커피를 좋아하지 않는다.

⚠ 정관사는 유지

Q. 다음 질문에 대해 부정문으로 답해보세요.

• Il parle français ? 그는 프랑스어를 (말)하니?

→ Non, (   ) français. 아니, 그는 프랑스어를 (말)하지 않아.

• C'est votre sac ? 이것은 당신의 가방입니까?

→ Non, (   ) mon sac. 아니요, 이것은 나의 가방이 아닙니다.

• Tu as une sœur ? 너는 여자 형제가 있니?

→ Non, (   ) sœur. 아니, 나는 여자 형제가 없어.

정답 il ne parle pas
ce n'est pas
je n'ai pas de

부정문 만들기

❶ 부정문 만들기 : 주어 ne 동사 pas

Je ne parle pas français.

Tu n'étudies pas l'anglais.

Ce n'est pas un livre.

❷ 부정의 de : 부정관사(un, une, des) → de

Je n'ai pas de livre. Tu n'as pas de stylos.

Vous n'aimez pas le café.

1) 다음 문장을 부정문으로 만들어 보세요.

　　• Nous sommes étudiants. → ① _____

　　• Tu es petit.　　　　　　 → ② _____

2) 관사에 주의하며 다음 문장을 부정문으로 만들어 보세요.

　　• Nous avons des stylos. → ① _____

　　• Il a un livre.　　　　　 → ② _____

　　• Elle aime le chocolat.　 → ③ _____

3) 제시된 질문에 대해 해석을 참고하여 부정문으로 답해보세요.

　　• Vous habitez à Paris ? → _____

　　　　　　　　아니요. 저는 파리에 살지 않아요.

 정답

1) ① Nous ne sommes pas étudiants.
　 ② Tu n'es pas petit.
2) ① Nous n'avons pas de stylos.
　 ② Il n'a pas de livre.
　 ③ Elle n'aime pas le chocolat.
3) Non, je n'habite pas à Paris.

10
그녀들은 경찰을 부른다.

ÉTAPE 1. 오늘의 핵심 Point

> **1군 변칙 동사**
>
> **manger** (먹다), **commencer** (시작하다), **acheter** (사다), **appeler** (부르다)

ÉTAPE 2. 오늘의 학습 내용

● 인칭에 따른 1군 동사 어미 변형 규칙

Je	-e
Tu	-es
Il Elle	-e
Nous	-ons
Vous	-ez
Ils Elles	-ent

❶ manger (먹다)

1) 인칭에 따른 manger 동사 변형 규칙

Je		-e
Tu		-es
Il Elle	mang	-e
Nous		-eons
Vous		-ez
Ils Elles		-ent

2) manger 동사 활용

- 주어 + manger + 명사 : 주어는 명사를 먹는다.

· Je mange une pomme.   나는 사과 한 개를 먹는다.

   Tu manges une pomme.   너는 사과 한 개를 먹는다.

· Nous mangeons une banane.   우리는 바나나 한 개를 먹는다.

   Vous mangez une banane.   당신은 바나나 한 개를 먹는다.

   Ils mangent une banane.   그들은 바나나 한 개를 먹는다.

Vocabulaire

banane n.f 바나나

❷ commencer (시작하다)

1) 인칭에 따른 commencer 동사 변형 규칙

Je	commenc	-e
Tu	commenc	-es
Il Elle	commenc	-e
Nous	commenç	-ons
Vous	commenc	-ez
Ils Elles	commenc	-ent

2) commencer 동사 활용

- 주어 + commencer + 명사 : 주어는 명사를 시작한다.

· Je commence le travail.	나는 일을 시작한다.
Tu commences le travail.	너는 일을 시작한다.
· Il commence le sport.	그는 운동을 시작한다.
Nous commençons le sport.	우리는 운동을 시작한다.
Vous commencez le sport.	당신은 운동을 시작한다.

Vocabulaire

travail n.m 일 | sport n.m 운동

❸ acheter (사다)

1) 인칭에 따른 acheter 동사 변형 규칙

J'	achèt	-e
Tu	achèt	-es
Il Elle	achèt	-e
Nous	achet	-ons
Vous	achet	-ez
Ils Elles	achèt	-ent

2) acheter 동사 활용

- 주어 + acheter + 명사 : 주어는 명사를 산다.

· J'achète un cadeau.	나는 선물 하나를 산다.
Tu achètes un cadeau.	너는 선물 하나를 산다.
· Elle achète un livre.	그녀는 책 한 권을 산다.
Nous achetons un livre.	우리는 책 한 권을 산다.
· Vous achetez une voiture.	당신은 자동차 한 대를 산다.
Ils achètent une voiture.	그들은 자동차 한 대를 산다.

cadeau n.m 선물

❹ appeler (부르다)

1) 인칭에 따른 appeler 동사 변형 규칙

J'	**appell**	-e
Tu	**appell**	-es
Il Elle	**appell**	-e
Nous	**appel**	-ons
Vous	**appel**	-ez
Ils Elles	**appell**	-ent

2) appeler 동사 활용

− 주어 + appeler + 명사 : 주어는 명사를 부른다.

· J'appelle Paul. 나는 Paul을 부른다.

Tu appelles Marie. 너는 Marie를 부른다.

· Il appelle le professeur. 그는 선생님을 부른다.

Nous appelons le professeur. 우리는 선생님을 부른다.

· Vous appelez la police. 너희는 경찰을 부른다.

Elles appellent la police. 그녀들은 경찰을 부른다.

professeur n.m 선생님, 교수 | police n.f 경찰

Q. 빈칸에 들어갈 동사의 알맞은 형태를 고르세요.

· Nous _____ une pomme. 우리는 사과 한 개를 먹는다.
① mangons ② mangion ③ mangeons

· Vous _____ le sport. 당신은 운동을 시작한다.
① commençez ② commencez

Q. 다음 중 옳은 문장을 고르세요.

① Nous achètons une pomme.
② Il appele la police.
③ Elles commencent le sport.

정답 ③, ②, ③

ÉTAPE 4. 마무리 정리

1군 변칙 동사

❶ 1군 변칙 동사 변형 규칙

1) manger 동사 변형 규칙

Je	mange	Nous	mangeons
Tu	manges	Vous	mangez
Il Elle	mange	Ils Elles	mangent

2) commencer 동사 변형 규칙

Je	commence	Nous	commençons
Tu	commences	Vous	commencez
Il Elle	commence	Ils Elles	commencent

3) acheter 동사 변형 규칙

J'	achète	Nous	achetons
Tu	achètes	Vous	achetez
Il Elle	achète	Ils Elles	achètent

4) appeler 동사 변형 규칙

J'	appelle	Nous	appelons
Tu	appelles	Vous	appelez
Il Elle	appelle	Ils Elles	appellent

❷ 1군 변칙 동사 활용 예시

1) manger 동사 활용

Je mange une pomme.

Nous mangeons une banane.

2) commencer 동사 활용

Tu commences le travail.

Nous commençons le sport.

3) **acheter** 동사 활용

J'achète un cadeau. Nous achetons un livre.

Vous achetez une voiture.

4) **appeler** 동사 활용

Tu appelles Marie. Nous appelons le professeur.

Vous appelez la police. Elles appellent la police.

ÉTAPE 5. Bonus 연습 문제

1) 다음 빈칸에 알맞은 **acheter** 동사 변화형을 써보세요.

J'	①	Nous	⑤
Tu	②	Vous	⑥
Il	③	Ils	⑦
Elle	④	Elles	⑧

2) manger 또는 commencer 동사를 사용하여 빈칸을 채워보세요.

• 나는 사과를 한 개 먹는다.　　→ ① Je _____ une pomme.

• 우리는 바나나를 한 개 먹는다. → ② Nous _____ une banane.

• 나는 일을 시작한다.　　　　→ ③ Je _____ le travail.

• 우리는 운동을 시작한다.　　→ ④ Nous _____ le sport.

3) acheter 또는 appeler 동사를 사용하여 프랑스어로 써보세요.

- 나는 선물 하나를 산다. → ① _____

- 그들은 책 한 권을 산다. → ② _____

- 너는 Paul을 부른다. → ③ _____

- 그녀들은 선생님을 부른다. → ④ _____

- 당신은 경찰을 부른다. → ⑤ _____

정답

1) ① achète ② achètes ③ achète ④ achète
⑤ achetons ⑥ achetez ⑦ achètent ⑧ achètent
2) ① mange
② mangeons
③ commence
④ commençons
3) ① J'achète un cadeau.
② Ils achètent un livre.
③ Tu appelles Paul.
④ Elles appellent le professeur.
⑤ Vous appelez la police.

aller 동사와 전치사 à

❶ **aller** 동사 변형
❷ **aller** 동사와 전치사 à (+관사 축약)

❶ 인칭에 따른 aller 동사 변형

Je	vais
Tu	vas
Il Elle	va
Nous	allons
Vous	allez
Ils Elles	vont

❷ aller 동사 활용

1) 주어 + **aller** + 전치사 à + 도시명 : 주어는 도시에 간다.

– 전치사 à : ~에
– à + 도시명 : 도시에

· Je vais à Paris.   나는 파리에 간다.

· Tu vas à Séoul.   너는 서울에 간다.

• 장소 명사

le cinéma	영화관
la poste	우체국
l'école	학교
les toilettes	화장실

2) 주어 + **aller** + 전치사 à + (장소)명사 : 주어는 명사에 간다.

· Il va à l'école.   그는 학교에 간다.

· Elle va à la poste.   그녀는 우체국에 간다.

école n.f 학교 | poste n.f 우체국

• 관사 축약 : 전치사 à + 정관사

à + le	au
à + la	à la
à + l'	à l'
à + les	aux

• 전치사 à + 장소 명사

le cinéma	영화관
au cinéma	영화관에
la poste	우체국
à la poste	우체국에
l'école	학교
à l'école	학교에

les toilettes	화장실
aux toilettes	화장실에

· Je vais à le cinéma. (X)
  → Je vais au cinéma.   나는 영화관에 간다.

· Il va à les toilettes. (X)
  → Il va aux toilettes.   그는 화장실에 간다.

· Nous allons à la police.   우리는 경찰서에 간다.

· Vous allez à l'hôpital.   당신은 병원에 간다.

· Ils vont au café.   그들은 카페에 간다.

police n.f 경찰서 ㅣ hôpital n.m 병원 ㅣ café n.m 카페

3) 주어 + **aller** + 전치사 **à/en** + 국가명 : <u>주어</u>는 <u>나라</u>에 간다.

· Je vais au Japon.   나는 일본에 간다.

• 전치사 **à/en** + 국가명 : (나라)에

남성/복수 국가	여성/모음 국가
à + 정관사	en
↓	
au 남성 국가 aux 복수 국가	

• 전치사 **à/en** + 국가명

le Japon	일본
au Japon	일본에
la France	프랑스
en France	프랑스에
les États-Unis	미국
aux États-Unis	미국에

l'Italie	이탈리아
en Italie	이탈리아에

· Je vais en France.   나는 프랑스에 간다.

· Tu vas en Italie.   너는 이탈리아에 간다.

· Il va aux États-Unis.   그는 미국에 간다.

· Nous allons au Canada.   우리는 캐나다에 간다.

· Vous allez en Corée.   당신은 한국에 간다.

· Elles vont en Espagne.   그녀들은 스페인에 간다.

Vocabulaire

Canada n.m 캐나다 | Corée n.f 한국 | Espagne n.f 스페인

ÉTAPE 3.   QUIZ 연습 문제

Q. 빈칸에 알맞은 aller 동사 변형을 고르세요.

· Ils _____ à Lyon. 그들은 리옹에 간다.
① allent   ② vons   ③ vont

Q. 빈칸에 알맞은 전치사 형태를 고르세요.

· Tu vas ____ l'hôtel ? 너는 호텔에 가니?
① à   ② en   ③ au

Q. 빈칸에 알맞은 전치사 형태를 고르세요.

· Je ne vais pas ____ Angleterre. 나는 영국에 가지 않아.
① au   ② en   ③ aux

정답 ③, ①, ②

aller 동사와 전치사 à

❶ aller 동사 변형

Je	vais	Nous	allons
Tu	vas	Vous	allez
Il	va	Ils	vont
Elle		Elles	

❷ aller 동사 활용

1) 주어 + **aller** + 전치사 à + 도시명

Je vais à Paris. Tu vas à Séoul.

2) 주어 + **aller** + 전치사 à + (장소)명사

• 관사 축약 : 전치사 à + 정관사

à + le = au	à + la = à la
à + l' = à l'	à + les = aux

Je vais au cinéma. Elle va à la poste.

Il va aux toilettes.

3) 주어 + **aller** + 전치사 à + 국가명

• 전치사 à/en + 국가명 : (나라)에

au 남성 국가	en + 여성/모음 국가
aux 복수 국가	

Je vais au Japon. Vous allez en Corée.

Il va aux États-Unis.

Elles vont en Espagne.

1) 다음 빈칸에 알맞은 **aller** 동사 변화형을 써보세요.

Je	①		Nous	⑤
Tu	②		Vous	⑥
Il	③		Ils	⑦
Elle	④		Elles	⑧

2) 관사의 축약과 생략에 주의하여 빈칸을 채워보세요.

• 나는 우체국에 간다. → ① Je vais _____ poste.

• 나는 학교에 간다.　→ ② Je vais _____ école.

• 나는 영화관에 간다. → ③ Je vais _____ cinéma.

• 나는 화장실에 간다. → ④ Je vais _____ toilettes.

• 나는 미국에 간다.　→ ⑤ Je vais _____ États-Unis.

• 나는 프랑스에 간다. → ⑥ Je vais _____ France.

3) 제시된 단어를 참고하여 프랑스어로 써보세요.

• 그는 집에 간다. (집 la maison)　　　　→ ① _____

• 그들은 식당에 간다. (식당 le restaurant) → ② _____

• 우리는 사무실에 간다. (사무실 le bureau) → ③ _____

정답
1) ① vais ② vas ③ va ④ va
　 ⑤ allons ⑥ allez ⑦ vont ⑧ vont
2) ① à la ② à l' ③ au ④ aux ⑤ aux ⑥ en
3) ① Il va à la maison.
　 ② Ils vont au restaurant.
　 ③ Nous allons au bureau.

Leçon
12
나는 파리 출신이다.

venir 동사와 전치사 de

❶ venir 동사 변형
❷ venir 동사와 전치사 de (+관사 축약)

ÉTAPE 2. 오늘의 학습 내용

❶ 인칭에 따른 venir 동사 변형

Je	viens
Tu	viens
Il Elle	vient
Nous	venons
Vous	venez
Ils Elles	viennent

❷ venir 동사 활용

1) 주어 + venir + 전치사 de + 도시명 : 주어는 도시에서 온다(출신이다).

　- 전치사 de : ~에서, ~로부터
　- de + 도시명 : 도시에서, 도시로부터

• 전치사 de + 도시명

Paris	파리
de Paris	파리에서
Séoul	서울
de Séoul	서울에서
Rome	로마
de Rome	로마에서
Londres	런던
de Londres	런던에서

· Je viens de Paris.

나는 파리에서 온다.
→ 나는 파리 출신이다.

· Tu viens de Séoul ?

너는 서울 출신이니?

· Il vient de Rome.

그는 로마 출신이다.

· Elle vient de Londres.

그녀는 런던 출신이다.

• 관사 축약 : 전치사 de + 정관사

de + le	du
de + la	de la
de + l'	de l'
de + les	des

• 전치사 de + (장소)명사

le restaurant	식당
du restaurant	식당에서
la piscine	수영장
de la piscine	수영장에서
l'aéroport	공항
de l'aéroport	공항에서

les toilettes	화장실
des toilettes	화장실에서

2) 주어 + **venir** + 전치사 **de** + (장소)명사 : <u>주어는 명사에서 온다.</u>

- Nous venons du restaurant.   우리는 식당에서 온다.
- Vous venez de la piscine.   당신은 수영장에서 온다.
- Ils viennent de l'aéroport.   그들은 공항에서 온다.
- Elles viennent des toilettes.   그녀들은 화장실에서 온다.

• 전치사 **de** + 국가명 : (나라)에서

남성/복수 국가	여성/모음 국가
de + 정관사 ↓ du 남성 국가 des 복수 국가	de

le Canada	캐나다
du Canada	캐나다에서
la Corée	한국
de Corée	한국에서
les États-Unis	미국
des États-Unis	미국에서
l'Espagne	스페인
d'Espagne	스페인에서

3) 주어 + **venir** + 전치사 **de** + 국가명 : 주어는 나라에서 온다(출신이다).

· Je viens du Canada.

나는 캐나다에서 온다.

→ 나는 캐나다 출신이다.

· Tu viens de Corée ?

너는 한국 출신이니?

· Il vient des États-Unis.

그는 미국 출신이다.

· Nous venons d'Espagne.

우리는 스페인 출신이다.

· Vous venez du Japon.

당신은 일본 출신이다.

· Elles viennent de France.

그녀들은 프랑스 출신이다.

4) 주어 + **venir** + 전치사 **à** + (장소)명사 : 주어는 명사에 온다.

(=상대가 있는 곳으로 가다.)

· Tu viens à la gare ?

너는 기차역에 오니?

· Tu viens à la soirée ?

너는 파티에 오니?

· Oui, je viens !

응, 나는 가! (나는 와!)

ÉTAPE 3. QUIZ 연습 문제

Q. 빈칸에 알맞은 venir 동사 변형을 고르세요.

· Je _____ de Nice. 나는 니스 출신이다.

① venis ② viens ③ vient

Q. 빈칸에 알맞은 전치사 형태를 고르세요.

· Vous venez _____ l'aéroport ? 당신은 공항에서 오세요?

① à ② de ③ du

· Ils viennent _____ Maroc. 그들은 모로코 출신이다.

① de ② au ③ du

정답 ②, ②, ③

venir 동사와 전치사 de

❶ venir 동사 변형

Je	viens	Nous	venons
Tu	viens	Vous	venez
Il Elle	vient	Ils Elles	viennent

❷ venir 동사 활용

1) 주어 + **venir** + 전치사 **de** + 도시명

Je viens de Paris.

Tu viens de Séoul ?

2) 주어 + **venir** + 전치사 **de** + (장소)명사

• 관사 축약 : 전치사 **de** + 정관사

de + le = du	de + la = de la
de + l' = de l'	de + les = des

Nous venons du restaurant.

Vous venez de la piscine. Ils viennent des toilettes.

3) 주어 + **venir** + 전치사 **de** + 국가명

- 전치사 **de** + 국가명 : (나라)에서

du 남성 국가 des 복수 국가	de + 여성/모음 국가

Je viens du Canada. Nous venons d'Espagne.

Il vient des États-Unis.

4) 주어 + **venir** + 전치사 **à** + (장소)명사

Tu viens à la soirée ?

1) 다음 빈칸에 알맞은 **venir** 동사 변화형을 써보세요.

Je	①	Nous	⑤
Tu	②	Vous	⑥
Il	③	Ils	⑦
Elle	④	Elles	⑧

2) 관사의 축약과 생략에 주의하여 빈칸을 채워보세요.

- 나는 수영장에서 온다. → ① Je viens _____ piscine.

- 나는 공항에서 온다.   → ② Je viens _____ aéroport.

- 나는 식당에서 온다.   → ③ Je viens _____ restaurant.

- 나는 화장실에서 온다. → ④ Je viens _____ toilettes.

- 나는 파리 출신이다.   → ⑤ Je viens _____ Paris.

- 나는 프랑스 출신이다. → ⑥ Je viens _____ France.

3) venir 동사를 사용하여 프랑스어로 출신을 표현하는 문장을 써보세요.

- 그는 미국 출신이다.   → ① _____

- 그들은 일본 출신이다. → ② _____

- 너는 스페인 출신이다. → ③ _____

- 우리는 한국 출신이다. → ④ _____

정답

1) ① viens ② viens ③ vient ④ vient
   ⑤ venons ⑥ venez ⑦ viennent ⑧ viennent
2) ① de la ② de l' ③ du ④ des ⑤ de ⑥ de
3) ① Il vient des États-Unis.
   ② Ils viennent du Japon.
   ③ Tu viens d'Espagne.
   ④ Nous venons de Corée.

Leçon 13

우리는 (약간의) 우유를 마신다.

ÉTAPE 1. 오늘의 핵심 Point

> **부분관사**
> ❶ 부분관사 뜻과 형태
> ❷ 부분관사 활용
> ❸ 부정의 **de**

ÉTAPE 2. 오늘의 학습 내용

❶ 부분관사 뜻과 형태

1) 부분관사 뜻 : "약간의~"
   → 정해지지 않은 수량 및 부분적인 수량을 나타냄.

2) 부분관사 형태 : **de** + 정관사

de + le	du
de + la	de la
de + l'	de l'
de + les	des

	남성	여성
단수	du (de l')	de la (de l')
복수	des	

❷ 부분관사 활용

• 부분관사 + (음식)명사 : 약간의 <u>명사</u>

남성 단수	여성 단수	복수
le pain 빵	la viande 고기	les pâtes 파스타
du pain 약간의 빵	de la viande 약간의 고기	des pâtes 약간의 파스타
le riz (쌀)밥	la salade 샐러드	les fruits 과일
du riz 약간의 (쌀)밥	de la salade 약간의 샐러드	des fruits 약간의 과일

1) 주어 + **manger** + 부분관사 + 명사 : 주어는 약간의 <u>명사</u>를 먹는다.

· Je mange du pain.   나는 (약간의) 빵을 먹는다.

· Tu manges de la viande ?   너는 (약간의) 고기를 먹니?

· Il mange des pâtes.   그는 (약간의) 파스타를 먹는다.

· Nous mangeons du riz.   우리는 (약간의) 밥을 먹는다.

· Vous mangez de la salade ?   너희는 (약간의) 샐러드를 먹니?

· Elles mangent des fruits.   그녀들은 (약간의) 과일을 먹는다.

• 인칭에 따른 boire (마시다) 동사 변형

Je	bois
Tu	bois
Il Elle	boit
Nous	buvons
Vous	buvez
Ils Elles	boivent

• 부분관사 + (음식)명사 : 약간의 명사

남성 단수	여성 단수	복수
le lait 우유	l'eau 물	les glaçons 얼음
du lait 약간의 우유	de l'eau 약간의 물	des glaçons 약간의 얼음

2) 주어 + **boire** + 부분관사 + 명사 : 주어는 <u>약간의 명사를</u> 마신다.

· Je bois du lait.   나는 (약간의) 우유를 마신다.

· Elle boit de l'eau.   그녀는 (약간의) 물을 마신다.

· Nous buvons du vin.   우리는 (약간의) 와인을 마신다.

· Vous buvez du café.   당신은 (약간의) 커피를 마신다.

· Ils boivent de la bière.   그들은 (약간의) 맥주를 마신다.

· Vous avez des glaçons ?   당신은 (약간의) 얼음이 있나요?

vin n.m 와인 | café n.m 커피 | bière n.f 맥주

• 부분관사 + (추상)명사 : 약간의 명사

남성 단수	여성 단수
le courage 용기	la chance 행운
du courage	de la chance

· Il a du courage.   그는 용기가 있다.

· Vous avez de la chance.   당신은 운이 좋다.

❸ 부정의 de

: 부정문에서 부분관사(du, de la, des) → de

· J'ai de la chance.	나는 운이 좋다.
Je n'ai pas de chance.	나는 운이 없다.
· Tu manges de la viande ?	너는 (약간의) 고기를 먹니?
Non, je ne mange pas de viande.	아니, 나는 고기를 먹지 않아.
· Vous buvez de l'eau ?	당신은 (약간의) 물을 마시나요?
Non, je ne bois pas d'eau.	아니요, 나는 물을 마시지 않습니다.

ÉTAPE 3. QUIZ 연습 문제

Q. 빈칸에 알맞은 부분관사 형태를 고르세요.

· Je mange _____ soupe. 나는 (약간의) 수프를 먹는다.
① un   ② de la   ③ du

Q. 빈칸에 알맞은 boire 동사 변형을 고르세요.

· Vous _____ du coca. 당신은 (약간의) 콜라를 마신다.
① bois   ② boirez   ③ buvez

Q. 다음 중 틀린 문장을 고르세요.

① Tu ne manges pas de riz.
② Elle n'a pas de la chance.
③ Ils boivent de l'eau.

정답 ②, ③, ② (→ Elle n'a pas de chance.)

부분관사

❶ 부분관사 뜻과 형태

1) 부분관사 뜻 : "약간의~"

→ 정해지지 않은 수량 및 부분적인 수량을 나타냄.

2) 부분관사 형태

남성 단수	여성 단수	복수	+ 주로 음식명사, 추상명사
du (de l')	de la (de l')	des	

• boire (마시다) 동사

Je	bois	Nous	buvons
Tu	bois	Vous	buvez
Il Elle	boit	Ils Elles	boivent

❷ 부분관사 활용

Je mange du pain.

Je bois du lait. Nous buvons du vin.

❸ 부정의 de (부정문에서 부분관사 → de)

Je n'ai pas de chance.

Je ne bois pas d'eau.

1) 명사의 성과 수에 주의하며 알맞은 부분관사를 써보세요.

- 약간의 빵 → ① _____ pain

- 약간의 고기 → ② _____ viande

- 약간의 파스타 → ③ _____ pâtes

- 용기 → ④ _____ courage

- 행운 → ⑤ _____ chance

2) 명사의 성과 수에 주의하여 알맞은 부분관사를 써보세요.

- 나는 (약간의) 와인을 마신다. → ① Je bois _____ vin.

- 그는 (약간의) 물을 마신다. → ② Il boit _____ eau.

- 나는 용기가 있다. → ③ J'ai _____ courage.

- 너는 운이 좋다. → ④ Tu as _____ chance.

3) 제시된 문장을 부정문으로 바꿔보세요.

- Il mange du pain. → ① _____

- Ils ont de la chance. → ② _____

정답

1) ① du ② de la ③ des ④ du ⑤ de la
2) ① du ② de l' ③ du ④ de la
3) ① Il ne mange pas de pain.
   ② Ils n'ont pas de chance.

Leçon 14
10시 20분이다.

ÉTAPE 1. 오늘의 핵심 Point

> **수 형용사 (1)**
> ❶ 숫자 1~69
> ❷ 수 형용사의 활용 (나이, 시간 표현)

ÉTAPE 2. 오늘의 학습 내용

❶ 숫자 1~69

1	un	6	six
2	deux	7	sept
3	trois	8	huit
4	quatre	9	neuf
5	cinq	10	dix

11	onze	16	seize
12	douze	17	dix-sept
13	treize	18	dix-huit
14	quatorze	19	dix-neuf
15	quinze	20	vingt

21	vingt et un	26	vingt-six
22	vingt-deux	27	vingt-sept
23	vingt-trois	28	vingt-huit
24	vingt-quatre	29	vingt-neuf
25	vingt-cinq	30	trente

31	trente et un	36	trente-six
32	trente-deux	37	trente-sept
33	trente-trois	38	trente-huit
34	trente-quatre	39	trente-neuf
35	trente-cinq	40	quarante

41	quarante et un	46	quarante-six
42	quarante-deux	47	quarante-sept
43	quarante-trois	48	quarante-huit
44	quarante-quatre	49	quarante-neuf
45	quarante-cinq	50	cinquante

51	cinquante et un
52	cinquante-deux
60	soixante
61	soixante et un
69	soixante-neuf

❷ 수 형용사의 활용 (수 형용사+명사)

un	stylo
deux	
trois	
quatre	stylos
cinq	

- un stylo   볼펜 한 개
- deux stylos   볼펜 두 개

✿ 잠깐!

– 1 단위만 성 구분 (un/une)

une	voiture
deux	
trois	
quatre	voitures
cinq	

- une voiture   자동차 한 대
- deux voitures   자동차 두 대
- un an   1년, 1살

Vocabulaire

an n.m 연, 해, 살

✿ 잠깐!

– 연음주의

un	an	six	
deux		sept	
trois		huit	ans
quatre	ans	neuf	
cinq		dix	

⚠ f는 v로 발음

onze		seize	
douze		dix-sept	
treize	ans	dix-huit	ans
quatorze		dix-neuf	
quinze		vingt	

⚠ f는 v로 발음

⚠ f는 v로 발음

vingt et un	
vingt-deux	
vingt-trois	ans
vingt-quatre	
vingt-cinq	

1) 주어 + **avoir** + 수 형용사 + **an**(s) : 주어는 ~살이다.

J'ai		un	an
Tu as		deux	
Il a	+	trois	
Elle a		quatre	ans
(...)		cinq	

· J'ai un an.   나는 한 살이다.

· J'ai deux ans.   나는 두 살이다.

· J'ai vingt-six ans.   나는 스물 여섯 살이다.

· Il a trente-huit ans.   그는 서른 여덟 살이다.

· Nous avons quarante et un ans.   우리는 마흔 한 살이다.

96 NEW 프랑스어 기초문법

2) **Il est** + 수 형용사 + **heure(s)** : (지금은) ~시다.

　　· une heure　　　　　　　　　　　　　1시간, 1시

　　heure n.f 시간, 시

Il est	+	une	heure
		deux	
		trois	
		quatre	
		cinq	
		six	
		sept	heures
		huit	
		neuf	
		dix	
		onze	
		douze	

　· Il est une heure.　　　　　　　1시다.

　· Il est trois heures.　　　　　　3시다.

　· Il est douze heures.　　　　　12시다.
　　= Il est midi.　　　　　　　　= 정오다.

　· Il est vingt-quatre heures.　　24시다.
　　= Il est minuit.　　　　　　　= 자정이다.

　· Il est dix heures.　　　　　　10시다.

☑ 하나만 더!

− Il est + 수 형용사 + heure(s) + 숫자 : (지금은) ~시 ~분이다.

　· Il est dix heures vingt.　　　　10시 20분이다.

Q. 빈칸에 들어갈 단어로 알맞은 것을 고르세요.

· Elle a _____ ans. 그녀는 15살이다.
  ① cinq ② quinze ③ cinquante

· Il est _____ heure. 1시다.
  ① un ② une ③ deux

Q. 다음 중 옳은 문장을 고르세요.

① Il est midis.
② Il a minuit.
③ Il est trois heures trente.

정답 ②, ②, ③

ÉTAPE 4. 마무리 정리

수 형용사 (1)

❶ 1-69

1	un	6	six
2	deux	7	sept
3	trois	8	huit
4	quatre	9	neuf
5	cinq	10	dix

11	onze	16	seize
12	douze	17	dix-sept
13	treize	18	dix-huit
14	quatorze	19	dix-neuf
15	quinze	20	vingt

21	vingt et un	40	quarante
22	vingt-deux	50	cinquante
30	trente	60	soixante
31	trente et un	69	soixante-neuf

❷ 수 형용사의 활용 : 수 형용사 + 명사

un stylo, une voiture, deux stylos

1) 나이 표현

주어 + **avoir** + 수 형용사 + **an(s)** : 주어는 ~살이다.

J'ai vingt-six ans. Il a trente-huit ans.

2) 시간 표현

Il est + 수 형용사 + **heure(s)** : (지금은) ~시다.

Il est trois heures. Il est dix heures vingt.

1) 다음 빈칸에 프랑스어로 숫자를 써보세요.

1	①	3	⑦
5	②	7	⑧
8	③	12	⑨
19	④	21	⑩
36	⑤	42	⑪
50	⑥	64	⑫

2) 제시된 문장을 프랑스어로 써보세요.

• 나는 38살이다. → ① _____

• 11시 25분이다. → ② _____

• 정오다.   → ③ _____

• 자정이다.   → ④ _____

정답

1) ① un   ⑦ trois
   ② cinq   ⑧ sept
   ③ huit   ⑨ douze
   ④ dix-neuf   ⑩ vingt et un
   ⑤ trente-six ⑪ quarante-deux
   ⑥ cinquante ⑫ soixante-quatre
2) ① J'ai 38 ans. (J'ai trente-huit ans.)
   ② Il est 11 heures 25. (Il est onze heures vingt-cinq.)
   ③ Il est midi.
   ④ Il est minuit.

Leçon
15
너는 무엇을 좋아하니?

ÉTAPE 1. 오늘의 핵심 Point

> **의문사**
>
> ❶ 의문사의 종류 (언제, 어디, 누구, 무엇)
> ❷ 의문사의 활용
> ❸ 의문문에 답하기

ÉTAPE 2. 오늘의 학습 내용

[복습] 의문문 만들기

① 평서문 + ? (억양↗)

Tu es Coréen ?

② **Est-ce que** + 평서문 ?

Est-ce que tu es Coréen ?

③ 동사-주어 ? (도치)

Es-tu Coréen ?

❶ 의문사의 종류 (언제, 어디, 누구, 무엇)

quand	언제
où	어디
qui	누구
que / quoi	무엇

❷ 의문사의 활용

: 의문사를 활용한 의문문 만들기

① 주어 + 동사 + 의문사 ?

② 의문사 + est-ce que + 주어 + 동사 ?

③ 의문사 + 동사−주어 ? (도치)

⚠ 구어체로는 1,2번 형태를 주로 사용하고, 격식을 갖춰 말할 때, 문어체로는 3번 형태를 사용한다.

1) 의문사 quand : 언제

・Tu manges ?	너 밥 먹니?
Tu manges quand ?	너 언제 밥 먹니?
Quand est-ce que tu manges ?	너 언제 밥 먹니?
Quand manges-tu ?	너 언제 밥 먹니?
・Tu commences ?	너는 시작하니?
Tu commences quand ?	너는 언제 시작하니?
Quand est-ce que tu commences ?	너는 언제 시작하니?
Quand commences-tu ?	너는 언제 시작하니?

2) 의문사 où : 어디

・Tu manges ?	너 밥 먹니?
Tu manges où ?	너 어디에서 밥 먹니?
Où est-ce que tu manges ?	너 어디에서 밥 먹니?
Où manges-tu ?	너 어디에서 밥 먹니?
・Tu vas à l'école ?	너는 학교에 가니?
Tu vas où ?	너는 어디에 가니?
Où est-ce que tu vas ?	너는 어디에 가니?
Où vas-tu ?	너는 어디에 가니?

· Tu es à l'école ?　　　　　　　　너는 학교에 있니?

Tu es où ?　　　　　　　　　　너는 어디에 있니?

Où est-ce que tu es ?　　　　　너는 어디에 있니?

Où es-tu ?　　　　　　　　　　너는 어디에 있니?

· Tu habites à Paris ?　　　　　　너는 파리에 사니?

Tu habites où ?　　　　　　　　너는 어디에 사니?

Où est-ce que tu habites ?　　　너는 어디에 사니?

Où habites-tu ?　　　　　　　　너는 어디에 사니?

Où habite-il ? (X)
➡ Où habite-t-il ?　　　　　　　그는 어디에 사니?

3) 의문사 qui : 누구

· Tu aimes Paul ?　　　　　　　　너는 Paul을 좋아하니?

Tu aimes qui ?　　　　　　　　너는 누구를 좋아하니?

Qui est-ce que tu aimes ?　　　너는 누구를 좋아하니?

Qui aimes-tu ?　　　　　　　　너는 누구를 좋아하니?

· Tu es étudiant ?　　　　　　　　너는 (남)학생이니?

Tu es qui ?　　　　　　　　　　너는 누구니?

Qui est-ce que tu es ?　　　　너는 누구니?

Qui es-tu ?　　　　　　　　　　너는 누구니?

· Il est étudiant ?　　　　　　　　그는 학생이니?

Il est qui ? (X)　　　　　　　　그는 누구니? (X)
➡ C'est qui ?　　　　　　　　　➡ 누구니? (누구세요?)

Qui est-ce que c'est ?　　　　누구니? (누구세요?)

Qui est-ce ?　　　　　　　　　누구니? (누구세요?)

4) 의문사 **que**, **quoi** : 무엇

· Tu aimes le chocolat ?　　　너는 초콜릿을 좋아하니?

Tu aimes quoi ?　　　　　　　너는 무엇을 좋아하니?

Qu'est-ce que tu aimes ?　　　너는 무엇을 좋아하니?

Qu'aimes-tu ?　　　　　　　　너는 무엇을 좋아하니?

· Tu manges du riz ?　　　　　너는 (약간의) 밥을 먹니?

Tu manges quoi ?　　　　　　너는 무엇을 먹니?

Qu'est-ce que tu manges ?　　너는 무엇을 먹니?

Que manges-tu ?　　　　　　　너는 무엇을 먹니?

❸ 의문문에 답하기

1) 의문사 **quand** : 언제

· Quand est-ce qu'il commence le
travail ?　　　　　　　　　　그는 언제 일을 시작하니?

Il commence le travail à 9h.　그는 9시에 일을 시작해.

2) 의문사 **où** : 어디

· Vous habitez où ?　　　　　당신은 어디에 사세요?

J'habite à Paris.　　　　　　나는 파리에 삽니다.

3) 의문사 **qui** : 누구

· Qui est-ce ?　　　　　　　누구니?

C'est Paul.　　　　　　　　(이 사람은/나는) Paul이야.

4) 의문사 **que**, **quoi** : 무엇

· Qu'est-ce que tu manges ?　너는 무엇을 먹니?

Je mange des pâtes.　　　　나는 (약간의) 파스타를 먹어.

Q. 답변을 보고 빈칸에 알맞은 의문사를 적으세요.

- Tu appelles _____ ? 너는 누구를 부르니?
  - J'appelle Julie. 나는 Julie를 불러.

- _____ mangez-vous ? 너희는 무엇을 먹니?
  - Nous mangeons du pain. 우리는 (약간의) 빵을 먹어.

- Ils viennent _____ ? 그들은 언제 오니?
  - Ils viennent à 6 heures. 그들은 6시에 와.

정답 qui, Que, quand

의문사

❶ 의문사의 종류

quand	où	qui	que / quoi
언제	어디	누구	무엇

❷ 의문사의 활용

: 의문사를 활용한 의문문 만들기

① 주어 + 동사 + 의문사 ?

② 의문사 + est-ce que + 주어 + 동사 ?

③ 의문사 + 동사-주어 ? (도치)

1) 의문사 **quand** (언제)

Tu manges quand ? Quand est-ce que tu manges ?

Quand manges-tu ?

2) 의문사 **où** (어디)

Tu vas où ? Où est-ce que tu vas ? Où vas-tu ?

3) 의문사 **qui** (누구)

Tu es qui ? Qui est-ce que tu es ? Qui es-tu ?

C'est qui ?

4) 의문사 **que** / **quoi** (무엇)

Tu aimes quoi ? Qu'est-ce que tu aimes ?

Qu'aimes-tu ?

ÉTAPE 5. Bonus 연습 문제

1) 다음 빈칸에 알맞은 의문사를 써보세요.

언제	①	어디	③
누구	②	무엇	④

2) 문장의 끝부분에 의문사를 결합하여 의문문을 써보세요.

    • 너는 언제 시작하니?   → ① _____

    • 너는 어디에 사니?   → ② _____

    • 너는 무엇을 좋아하니? → ③ _____

    • 누구니? (누구세요?)   → ④ _____

3) 문장의 앞부분에 의문사와 **est-ce que** 를 결합하여 의문문을 써보세요.

    • 너 언제 밥 먹니?   → ① _____

    • 그녀는 어디에 가니?   → ② _____

    • 당신은 누구를 좋아하세요? → ③ _____

    • 그들은 무엇을 좋아하니?   → ④ _____

4) 답변을 보고 질문을 유추하여 써보세요.

    • _____

       → Je suis à la banque.

정답
1) ① quand ② qui ③ où ④ que / quoi
2) ① Tu commences quand ?
  ② Tu habites où ?
  ③ Tu aimes quoi ?
  ④ C'est qui ?
3) ① Quand est-ce que tu manges ?
  ② Où est-ce qu'elle va ?
  ③ Qui est-ce que vous aimez ?
  ④ Qu'est-ce qu'ils aiment ?
4) Tu es où ? / Où est-ce que tu es ? / Où es-tu ?
  Vous êtes où ? / Où est-ce que vous êtes ? / Où êtes-vous ?

Leçon 16
너는 어떤 언어를 말하니?

ÉTAPE 1. **오늘의 핵심 Point**

의문형용사

❶ 의문형용사의 형태
❷ 의문형용사의 활용
❸ 의문문에 답하기

ÉTAPE 2. **오늘의 학습 내용**

❶ 의문형용사 : 어떤, 무엇, 얼마~

	남성	여성
단수	quel	quelle
복수	quels	quelles

⚠ 명사 앞에 위치 (의문형용사+명사)

❷ 의문형용사의 활용

남성 단수	여성 단수
Quel	Quelle

+ 명사 → 어떤 <u>명사</u>

남성 복수	여성 복수
Quels	Quelles

+ 명사 → 어떤 <u>명사</u>들

1) 의문형용사 + 명사 : 어떤 명사(들)

- quel sport   어떤 운동
- quels sports   어떤 운동들
- quelle langue   어떤 언어
- quelles langues   어떤 언어들

Vocabulaire

sport n.m 운동 | langue n.f 언어

[복습] 의문사를 활용한 의문문 만들기

① 주어 + 동사 + 의문사 ?
② 의문사 + **est-ce que** + 주어 + 동사 ?
③ 의문사 + 동사-주어 ? (도치)

⚠ 구어체로는 1,2번 형태를 주로 사용하고, 격식을 갖춰 말할 때, 문어체로는 3번 형태를 사용한다.

- Tu aimes quel sport ?   너는 어떤 운동을 좋아하니?
- Tu parles quelle langue ?   너는 어떤 언어를 말하니?
- Tu parles quelles langues ?   너는 어떤 언어들을 말하니?

- quel âge   어떤 나이 (몇 살)
  Tu as quel âge ?   너는 몇 살이니?
  Quel âge as-tu ?   너는 몇 살이니?

- quelle heure   어떤 시간 (몇 시)
  Il est quelle heure ?   몇 시예요?
  Quelle heure est-il ?   몇 시예요?

Vocabulaire

âge n.m 나이 | heure n.f 시간

Quel	est	남성 단수 명사	?
Quelle		여성 단수 명사	
Quels	sont	남성 복수 명사	?
Quelles		여성 복수 명사	

→ <u>명사</u>는 <u>무엇</u>이니?

2) 의문형용사 + **être** 동사 + 명사 : <u>명사</u>는(명사들은) 무엇이니?

· Quel est votre nom ?   당신의 이름은 무엇입니까?

· Quelle est votre profession ?   당신의 직업은 무엇입니까?

· Quelle est ta nationalité ?   너의 국적은 무엇이니?

· Quel est ton numéro de téléphone ?   너의 전화번호는 무엇이니?

· Quelles sont vos coordonnées ?   당신의 연락처는 무엇입니까?

· Quels sont tes loisirs ?   너의 취미는 무엇이니?

· Quelle est la date d'aujourd'hui ?   오늘 날짜는 무엇이니?
                                   (오늘은 며칠이니?)

> **Vocabulaire**
>
> nom n.m 이름 | profession n.f 직업 | nationalité n.f 국적 | numéro de téléphone n.m 전화
> 번호 | coordonnées n.f.pl 연락처 | loisirs n.m.pl 취미 | date n.f 날짜

❸ 의문문에 답하기

· Quel est votre nom ?   당신의 이름은 무엇입니까?
  C'est Léo (Dubois).   나는 Léo(Dubois)입니다.

· Quelle est ta nationalité ?   너의 국적은 무엇이니?
  Je suis Coréen(ne).   나는 한국인이야.

· Quelle est votre profession ?   당신의 직업은 무엇입니까?
  Je suis étudiant(e).   나는 학생입니다.

· Quelles sont vos coordonnées ?   당신의 연락처는 무엇입니까?
  C'est le 01 23 34 45 56.   01 23 34 45 56번입니다.

· Quel est ton numéro de téléphone ?　　너의 전화번호는 무엇이니?

C'est le 06 23 34 45 56.　　06 23 34 45 56번이야.

· Quels sont tes loisirs ?　　너의 취미는 무엇이니?

J'aime le sport.　　나는 운동을 좋아해.

· Tu aimes quel sport ?　　너는 어떤 운동을 좋아하니?

J'aime le golf.　　나는 골프를 좋아해.

· Tu parles quelle langue ?　　너는 어떤 언어를 말하니?

Je parle coréen.　　나는 한국어를 말해.

· Tu as quel âge ?

= Quel âge as-tu ?　　너는 몇 살이니?

J'ai vingt-cinq ans.　　나는 스물 다섯 살이야.

· Quelle heure est-il ?　　몇 시예요?

Il est onze heures.　　11시예요.

ÉTAPE 3.　QUIZ 연습 문제

Q. 답변을 보고 빈칸에 알맞은 의문형용사를 적으세요.

· _____ est votre nationalité ? 당신의 국적은 무엇입니까?
  – Je suis Française. 나는 프랑스인입니다.

· _____ âge as-tu ? 너는 몇 살이니?
  – J'ai dix-neuf ans. 나는 열 아홉 살이야.

· _____ sport aimez-vous ? 당신은 어떤 운동을 좋아합니까?
  – J'aime le football. 나는 축구를 좋아합니다.

정답 Quelle, Quel, Quel

의문형용사

❶ 의문형용사 : 어떤, 무엇, 얼마~

	남성	여성
단수	quel	quelle
복수	quels	quelles

❷ 의문형용사의 활용

1) 의문형용사 + 명사 : 어떤 명사(들)

Tu aimes quel sport ?

Tu parles quelle langue ?

Tu as quel âge ? Quel âge as-tu ?

Il est quelle heure ? Quelle heure est-il ?

2) 의문형용사 + être 동사 + 명사 : 명사는(명사들은) 무엇이니?

Quel	est	남성 단수 명사	?
Quelle		여성 단수 명사	

Quels	sont	남성 복수 명사	?
Quelles		여성 복수 명사	

Quel est votre nom ? Quelle est ta nationalité ?

Quelles sont vos coordonnées ?

1) 성과 수에 따른 의문형용사 quel의 형태를 빈칸에 써보세요.

	남성	여성
단수	①	③
복수	②	④

2) 성·수일치에 주의하며 빈칸에 의문형용사를 써보세요.

• 당신의 이름은 무엇입니까? → ① _____ est votre nom ?

• 너의 전화번호는 무엇이니? → ② _____ est ton numéro de téléphone ?

• 당신의 연락처는 무엇입니까? → ③ _____ sont vos coordonnées ?

3) 문장의 뒷부분에 의문형용사와 명사를 결합하여 의문문을 써보세요.

• 너는 어떤 운동을 좋아하니? → ① _____

• 너는 어떤 언어를 말하니? → ② _____

4) 답변을 보고 질문을 유추하여 도치 형태의 의문문을 써보세요.

• ① _____

→ Il est 11h 20.

• ② _____

→ J'ai 21 ans.

정답
1) ① quel ② quels ③ quelle ④ quelles
2) ① Quel ② Quel ③ Quelles
3) ① Tu aimes quel sport ?
   ② Tu parles quelle langue ?
4) ① Quelle heure est-il ?
   ② Quel âge as-tu ? / Quel âge avez-vous ?

나는 책 한 권을 고른다.

ÉTAPE 1. 오늘의 핵심 Point

> **2군 규칙 동사**
>
> finir (끝내다), choisir (고르다, 선택하다)

ÉTAPE 2. 오늘의 학습 내용

● 인칭에 따른 2군 동사 어미 변형 규칙

Je	-is
Tu	-is
Il Elle	-it
Nous	-issons
Vous	-issez
Ils Elles	-issent

❶ finir (끝내다)

1) 인칭에 따른 **finir** 동사 변형 규칙

Je		is
Tu		is
Il		
Elle		it
Nous	**fin**	issons
Vous		issez
Ils		
Elles		issent

2) **finir** 동사 활용

- 주어 + **finir** + 명사 : <u>주어</u>는 <u>명사</u>를 끝낸다.

· Je finis mon travail.   나는 (나의) 일을 끝낸다.

  Tu finis ton travail.   너는 (너의) 일을 끝낸다.

· Nous finissons nos devoirs.   우리는 (우리의) 숙제를 끝낸다.

  Vous finissez vos devoirs.   당신은 (당신의) 숙제를 끝낸다.

> **Vocabulaire**
>
> travail n.m 일 ㅣ devoirs n.m.pl 숙제

· Il finit son café.   그는 (그의) 커피를 다 마신다.

  Elle finit son café.   그녀는 (그녀의) 커피를 다 마신다.

· Ils finissent leur repas.   그들은 (그들의) 식사를 끝낸다.

  Elles finissent leur repas.   그녀들은 (그녀들의) 식사를 끝낸다.

> **Vocabulaire**
>
> café n.m 커피 ㅣ repas n.m 식사

· Tu finis quand ?   너는 언제 끝나니?

  Je finis à 8 heures.   나는 8시에 끝난다.

❷ choisir (고르다, 선택하다)

1) 인칭에 따른 choisir 동사 변형 규칙

Je		is
Tu		is
Il		it
Elle	chois	
Nous		issons
Vous		issez
Ils		issent
Elles		

2) choisir 동사 활용

– 주어 + choisir + 명사 : 주어는 명사를 고른다.

· Je choisis un livre.	나는 책 한 권을 고른다.
Tu choisis un livre.	너는 책 한 권을 고른다.
· Il choisit un film.	그는 영화 한 편을 고른다.
Elle choisit un film.	그녀는 영화 한 편을 고른다.

Vocabulaire

film n.m 영화

· Nous choisissons un cadeau.	우리는 선물 하나를 고른다.
Vous choisissez un cadeau.	당신은 선물 하나를 고른다.
· Ils choisissent un pantalon.	그들은 바지 하나를 고른다.
Elles choisissent un pantalon.	그녀들은 바지 하나를 고른다.

Vocabulaire

cadeau n.m 선물 | pantalon n.m 바지

· Tu choisis quelle couleur ?　　　　너는 어떤 색깔을 고르니?

　Je choisis le rouge.　　　　　　　나는 빨간색을 골라.

· Vous choisissez quand ?　　　　　너희는 언제 고르니?

　Nous choisissons maintenant.　　우리는 지금 골라.

Vocabulaire

couleur n.f 색깔 | rouge n.m 빨간색

ÉTAPE 3. QUIZ 연습 문제

Q. 빈칸에 알맞은 finir 동사 변형을 고르세요.

· Quand est-ce qu'il _____ son travail ? 그는 (그의) 일을 언제 끝내니?
① finis　② finit　③ finisses

Q. 빈칸에 알맞은 choisir 동사 변형을 고르세요.

· Nous _____ un film. 우리는 영화 한 편을 고른다.
① choisons　② choissez　③ choisissons

Q. 다음 중 옳은 문장을 고르세요.

① Ils finirent leur travail.
② Elle choisie un livre.
③ Vous finissez votre travail.

정답 ②, ③, ③

2군 규칙 동사

❶ finir 동사 변형 규칙

Je	finis	Nous	finissons
Tu	finis	Vous	finissez
Il Elle	finit	Ils Elles	finissent

Je finis mon travail. Il finit son café.

Vous finissez vos devoirs.

❷ choisir 동사 변형 규칙

Je	choisis	Nous	choisissons
Tu	choisis	Vous	choisissez
Il Elle	choisit	Ils Elles	choisissent

Tu choisis un livre. Nous choisissons un cadeau.

Ils choisissent un pantalon.

1) 다음 빈칸에 알맞은 **finir** 동사 변화형을 써보세요.

Je	①		Nous	⑤
Tu	②		Vous	⑥
Il	③		Ils	⑦
Elle	④		Elles	⑧

2) 빈칸에 알맞은 **finir** 또는 **choisir** 동사 변화형을 써보세요.

· 당신은 언제 끝나요?   → ① Vous ＿＿＿＿＿＿＿ quand ?

· 그녀들은 숙제를 끝낸다. → ② Elles ＿＿＿＿＿＿＿ les devoirs.

· 나는 선물 하나를 고른다. → ③ Je ＿＿＿＿＿＿＿ un cadeau.

· 우리는 지금 고른다.   → ④ Nous ＿＿＿＿＿＿＿ maintenant.

3) **finir** 또는 **choisir** 동사를 사용하여 프랑스어로 써보세요.

· 그녀는 18시에 끝납니다.   → ① ＿＿＿＿＿＿＿＿＿＿＿＿＿

· 나는 내 빵을 끝냅니다(다 먹습니다). → ② ＿＿＿＿＿＿＿＿＿＿＿＿＿

· 당신은 무엇을 고르나요?
  (무엇을 qu'est-ce que)   → ③ ＿＿＿＿＿＿＿＿＿＿＿＿＿

· 그는 책 한 권을 고른다.   → ④ ＿＿＿＿＿＿＿＿＿＿＿＿＿

정답

1) ① finis ② finis ③ finit ④ finit
   ⑤ finissons ⑥ finissez ⑦ finissent ⑧ finissent
2) ① finissez ② finissent ③ choisis ④ choisissons
3) ① Elle finit à 18 heures.
   ② Je finis mon pain.
   ③ Qu'est-ce que vous choisissez ?
   ④ Il choisit un livre.

우리는 프랑스로 떠난다.

ÉTAPE 1. 오늘의 핵심 Point

왕래발착동사

partir (떠나다), **arriver** (도착하다), **entrer** (들어가다), **sortir** (나가다)

ÉTAPE 2. 오늘의 학습 내용

❶ partir (떠나다, 출발하다)

1) 인칭에 따른 **partir** 동사 변형 규칙

Je	pars
Tu	pars
Il Elle	part
Nous	partons
Vous	partez
Ils Elles	partent

2) **partir** 동사 활용

① 주어 + partir + à/en/pour + 목적지 : 주어는 목적지로 떠난다.

· Je pars à Paris.　　　　　　　　　나는 파리로 떠난다.

• 전치사 à/en + 국가명 : (나라)에

남성/복수 국가	여성/모음 국가
à + 정관사 ↓ au 남성 국가 aux 복수 국가	en

- Tu pars au Canada.   너는 캐나다로 떠난다.
- Il part aux États-Unis.   그는 미국으로 떠난다.
- Nous partons en France.   우리는 프랑스로 떠난다.

• 전치사 pour + 명사 : ~을 향해, ~을 위해

- Je pars pour Paris.   나는 파리로 떠난다.
- Vous partez pour la Corée.   당신은 한국으로 떠난다.

② 주어 + partir + de + 출발지 : <u>주어</u>는 <u>출발지</u>에서 떠난다.

- Je pars de Séoul.   나는 서울에서 떠난다.

• 전치사 de + 국가명 : (나라)에서

남성/복수 국가	여성/모음 국가
de + 정관사 ↓ du 남성 국가 des 복수 국가	de

- Elle part du Canada.   그녀는 캐나다에서 떠난다.
- Nous partons des États-Unis.   우리는 미국에서 떠난다.
- Ils partent de Corée.   그들은 한국에서 떠난다.

❷ arriver (도착하다)

1) 인칭에 따른 arriver 동사 변형 규칙

J'	arrive
Tu	arrives
Il Elle	arrive
Nous	arrivons
Vous	arrivez
Ils Elles	arrivent

2) arriver 동사 활용

① 주어 + arriver + à/en + 명사 : 주어는 명사에 도착한다.

- · J'arrive à Paris.   나는 파리에 도착한다.
- · Tu arrives à l'aéroport.   너는 공항에 도착한다.
- · Il arrive au restaurant.   그는 식당에 도착한다.
- · Elle arrive en Corée.   그녀는 한국에 도착한다.

Vocabulaire

aéroport n.m 공항

② 주어 + arriver + à + 시간 : 주어는 ~시에 도착한다.

- · Nous arrivons à 10 heures.   우리는 10시에 도착한다.
- · J'arrive à midi.   나는 정오에 도착한다.
- · Ils arrivent à minuit.   그들은 자정에 도착한다.

❸ entrer (들어가다)

1) 인칭에 따른 **entrer** 동사 변형 규칙

J'	entre
Tu	entres
Il Elle	entre
Nous	entrons
Vous	entrez
Ils Elles	entrent

2) **entrer** 동사 활용

- 주어 + **entrer** + **dans** + 명사 : 주어는 명사 안에 들어간다.
  - 전치사 **dans** : ~안에
  - **dans** + 명사 : 명사 안에

· J'entre dans le café.	나는 카페 안에 들어간다.
· Tu entres dans la chambre.	너는 방 안에 들어간다.
· Ils entrent dans l'école.	그들은 학교 안에 들어간다.

Vocabulaire

chambre n.f 방

❹ sortir (나가다, 나오다, 외출하다)

1) 인칭에 따른 sortir 동사 변형 규칙

Je	sors
Tu	sors
Il Elle	sort
Nous	sortons
Vous	sortez
Ils Elles	sortent

2) sortir 동사 활용

① 주어 + sortir : 주어는 나간다, 외출한다.

· Tu sors maintenant ?   너는 지금 외출하니?

· Non, je sors ce soir.   아니, 나 오늘 저녁에 외출해.

Vocabulaire
maintenant adv. 지금

② 주어 + sortir + de + 명사 : 주어는 ~에서 나온다.

· Je sors de la maison.   나는 집에서 나온다.

· Tu sors de la chambre.   너는 방에서 나온다.

· Il sort du cinéma.   그는 영화관에서 나온다.

· Nous sortons de la gare.   우리는 역에서 나온다.

· Ils sortent de l'école.   그들은 학교에서 나온다.

Vocabulaire
maison n.f 집 l gare n.f 역

Q. 빈칸에 들어갈 동사의 알맞은 형태를 고르세요.

· Vous _____ pour la France ? 당신은 프랑스로 떠납니까?
① parez ② partez ③ entrer

· J'_____ dans un café. 나는 한 카페 안에 들어간다.
① entre ② sort ③ part

Q. 다음 중 틀린 문장을 고르세요.

① Tu sors de la maison ?
② Elle partit en Corée.
③ Ils arrivent à Séoul.

정답 ②, ①, ② (→ Elle part en Corée.)

ÉTAPE 4. **마무리 정리**

왕래발착동사

❶ 왕래발착동사 변형 규칙

1) **partir** 동사 변형 규칙

Je	pars	Nous	partons
Tu	pars	Vous	partez
Il / Elle	part	Ils / Elles	partent

2) **arriver** 동사 변형 규칙

J'	arrive	Nous	arrivons
Tu	arrives	Vous	arrivez
Il / Elle	arrive	Ils / Elles	arrivent

3) entrer 동사 변형 규칙

J'	entre	Nous	entrons
Tu	entres	Vous	entrez
Il / Elle	entre	Ils / Elles	entrent

4) sortir 동사 변형 규칙

Je	sors	Nous	sortons
Tu	sors	Vous	sortez
Il / Elle	sort	Ils / Elles	sortent

❷ 왕래발착동사 활용 예시

1) partir 동사의 활용

Je pars à Paris. Tu pars au Canada.

Nous partons en France. Vous partez pour la Corée.

2) arriver 동사의 활용

J'arrive à Paris. Tu arrives à l'aéroport.

Nous arrivons à 10 heures.

3) entrer 동사의 활용

J'entre dans le café. Tu entres dans la chambre.

4) sortir 동사의 활용

Je sors. Tu sors de la chambre.

Nous sortons de la gare.

1) 다음 빈칸에 알맞은 **sortir** 동사 변화형을 써보세요.

Je	①	Nous	⑤
Tu	②	Vous	⑥
Il	③	Ils	⑦
Elle	④	Elles	⑧

2) 관사의 축약과 생략에 주의하며 다음 제시된 문장을 프랑스어로 써보세요.

• 나는 캐나다로 떠난다.   → ① _____

• 너는 식당에 도착한다.   → ② _____

• 그녀는 한국에서 떠난다. → ③ _____

3) 제시된 문장을 프랑스어로 써보세요.

• 그들은 정오에 도착한다.   → ① _____

• 나는 화장실 안에 들어간다. → ② _____

• 우리는 파리에서 떠난다.   → ③ _____

• 당신은 영화관에서 나온다. → ④ _____

정답
1) ① sors ② sors ③ sort ④ sort ⑤ sortons ⑥ sortez ⑦ sortent ⑧ sortent
2) ① Je pars au Canada. 또는 Je pars pour le Canada.
   ② Tu arrives au restaurant.
   ③ Elle part de Corée.
3) ① Ils arrivent à midi.
   ② J'entre dans les toilettes.
   ③ Nous partons de Paris.
   ④ Vous sortez du cinéma.

ÉTAPE 1. 오늘의 핵심 Point

3군 불규칙 동사

faire (하다, 만들다), prendre (잡다, 먹다, 마시다, 타다)

ÉTAPE 2. 오늘의 학습 내용

■ 인칭에 따른 3군 동사 어미 변형 규칙

Je	-s(x)	-s
Tu	-s(x)	-s
Il Elle	-t	
Nous	-ons	
Vous	-ez	
Ils Elles	-ent	

❶ faire (하다, 만들다)

1) 인칭에 따른 faire 동사 변형

Je	fais
Tu	fais
Il Elle	fait
Nous	faisons
Vous	faites
Ils Elles	font

2) faire 동사 활용

- 주어 + faire + 명사 : <u>주어</u>는 <u>명사</u>를 한다/만든다.

· Je fais mon travail.	나는 (나의) 일을 한다.
· Tu fais tes devoirs.	너는 (너의) 숙제를 한다.
· Elle fait des pâtes.	그녀는 파스타를 만든다.

> **Vocabulaire**
>
> pâtes n.f.pl 파스타

• 집안일 관련 명사

le ménage	집안일
la vaisselle	설거지
la lessive	세탁, 세탁물
les courses	(생필품, 식료품) 구입, 쇼핑

· Il fait le ménage.	그는 집안일을 한다.
· Elle fait la vaisselle.	그녀는 설거지를 한다.
· Nous faisons la lessive.	우리는 빨래를 한다.
· Vous faites les courses.	당신은 생필품 구입을 한다. (=장을 본다)

☑ 하나만 더!

– 주어 + faire + 부분관사·운동명사 : <u>주어</u>는 <u>운동</u>을 한다.

· Je fais du sport.   나는 운동을 한다.

· Je fais du jogging.   나는 조깅을 한다.

· Tu fais du football ?   너는 축구를 하니?

· Ils font de la natation.   그들은 수영을 한다.

– 주어 + faire + 부분관사·악기명사 : <u>주어</u>는 <u>악기</u> 연주를 한다.

· Je fais du piano.   나는 피아노를 연주한다.

· Mon frère fait de la guitare.   나의 남자 형제는 기타를 연주한다.

· Tu fais quoi ?   너는 무엇을 하니?

· Qu'est-ce que tu fais ?   너는 무엇을 하니?

· Qu'est-ce que vous faites ?   당신은 무엇을 하세요?

· Je fais le ménage.   나는 집안일을 합니다.

❷ prendre (잡다, 먹다, 마시다, 타다...)

1) 인칭에 따른 prendre 동사 변형 규칙

Je	prends
Tu	prends
Il Elle	prend
Nous	prenons
Vous	prenez
Ils Elles	prennent

2) prendre 동사 활용

① 주어 + prendre + 명사 : 주어는 명사를 잡는다.

· Je prends un stylo.   나는 볼펜 하나를 잡는다(집어 든다).

② 주어 + prendre + 명사 : 주어는 명사를 먹는다/마신다.

· Je prends un café.	나는 커피 한 잔을 마신다.
· Tu prends un café ?	너 커피 한 잔 마실 거니?
· Qu'est-ce que tu prends ?	너 뭐 먹을 거니(마실 거니)?
· Il prend son petit-déjeuner.	그는 (그의) 아침 식사를 한다.
· Elle prend son déjeuner.	그녀는 (그녀의) 점심 식사를 한다.

· Nous prenons du pain.	우리는 (약간의) 빵을 먹는다.
· Vous prenez du pain.	너희는 (약간의) 빵을 먹는다.
· Ils prennent de la viande.	그들은 (약간의) 고기를 먹는다.
· Elles prennent de la viande.	그녀들은 (약간의) 고기를 먹는다.

• 교통수단

le bus	버스
le métro	지하철
le train	기차
l'avion	비행기

③ 주어 + prendre + 명사 : 주어는 명사를 탄다.

· Je prends le bus.   나는 버스를 탄다.

· Tu prends le bus.   너는 버스를 탄다.

· Il prend le métro.   그는 지하철을 탄다.

· Nous prenons le métro.   우리는 지하철을 탄다.

· Vous prenez le train.   당신은 기차를 탄다.

· Elles prennent l'avion.   그녀들은 비행기를 탄다.

ÉTAPE 3. QUIZ 연습 문제

Q. 빈칸에 알맞은 faire 동사 변형을 고르세요.

· Quand est-ce que vous _____ le ménage ? 언제 당신은 집안일을 합니까?
  ① faisez ② faiez ③ faites

Q. 빈칸에 알맞은 prendre 동사 변형을 고르세요.

· Je _____ l'avion. 나는 비행기를 탄다.
  ① prend ② prends ③ fait

Q. 다음 중 옳은 문장을 고르세요.

① Nous fairons nos devoirs.
② Elle prend un café.
③ Ils prendent le train.

정답 ③, ②, ②

3군 불규칙 동사

❶ faire 동사 변형 규칙

Je	fais	Nous	faisons
Tu	fais	Vous	faites
Il Elle	fait	Ils Elles	font

Je fais mon travail. Nous faisons la lessive.

Vous faites les courses. Ils font de la natation.

❷ prendre 동사 변형 규칙

Je	prends	Nous	prenons
Tu	prends	Vous	prenez
Il Elle	prend	Ils Elles	prennent

Je prends un stylo. Il prend son petit-déjeuner.

Vous prenez du pain. Elles prennent l'avion.

1) 다음 빈칸에 알맞은 **faire** 동사 변화형을 써보세요.

Je	①	Nous	⑤
Tu	②	Vous	⑥
Il	③	Ils	⑦
Elle	④	Elles	⑧

2) 빈칸에 알맞은 **prendre** 동사 변화형을 써보세요.

• 나는 커피 한 잔을 마신다. → ① Je _____ un café.

• 우리는 고기를 먹는다.　　→ ② Nous _____ de la viande.

• 당신들은 버스를 탄다.　　→ ③ Vous _____ le bus.

3) faire 동사를 사용하여 프랑스어로 써보세요.

• 나는 설거지를 한다.　　→ ① _____

• 그는 피아노를 친다.　　→ ② _____

• 당신은 파스타를 만든다. → ③ _____

• 그녀들은 조깅을 한다.　→ ④ _____

정답
1) ① fais ② fais ③ fait ④ fait ⑤ faisons ⑥ faites ⑦ font ⑧ font
2) ① prends ② prenons ③ prenez
3) ① Je fais la vaisselle.
　 ② Il fait du piano.
　 ③ Vous faites des pâtes.
　 ④ Elles font du jogging.

Leçon 20

그들은 노래하고 싶다.

ÉTAPE 1. 오늘의 핵심 Point

> **조동사**
>
> **vouloir** (원하다), **pouvoir** (할 수 있다), **devoir** (해야 한다)

ÉTAPE 2. 오늘의 학습 내용

[복습] 인칭에 따른 3군 동사 어미 변형 규칙

Je	-s(x)	-s
Tu	-s(x)	-s
Il Elle	-t	
Nous		-ons
Vous		-ez
Ils Elles		-ent

● 조동사 : 본동사를 보조하는 역할

주어	조동사 : 본동사 앞에 위치	본동사 (동사원형) : 조동사 다음에 동사는 반드시 원형 형태

⚠ 대표적인 조동사
: vouloir, pouvoir, devoir

❶ vouloir (원하다, 바라다) → 희망, 바람

1) 인칭에 따른 vouloir 동사 변형

Je	veux
Tu	veux
Il / Elle	veut
Nous	voulons
Vous	voulez
Ils / Elles	veulent

2) vouloir 동사 활용

① 주어 + vouloir + 명사 : 주어는 명사를 원한다.

· Je veux un café.   나는 커피 한 잔을 원한다.

· Tu veux du café ?   너는 (약간의) 커피를 원하니?

② 주어 + vouloir + 동사원형 : 주어는 ~하고 싶다/~하기를 원한다.

· Je veux parler.   나는 말하고 싶다.

　Tu veux parler ?   너는 말하고 싶니?

· Il veut étudier.   그는 공부하고 싶다.

　Elle veut étudier le français.   그녀는 프랑스어를 공부하고 싶다.

· Nous voulons manger.   우리는 밥 먹고 싶다.

　Vous voulez manger ?   너희들은 밥 먹고 싶니?

· Ils veulent chanter.   그들은 노래하고 싶다.

　Elles veulent danser.   그녀들은 춤추고 싶다.

· Qu'est-ce que tu veux ?　　　　　　　너는 무엇을 원하니?

　Je veux un café.　　　　　　　　　　나는 커피를 (커피 한 잔을) 원해.

· Qu'est-ce que tu veux faire ?　　　　너는 무엇을 하고 싶니?

　Je veux aller au cinéma.　　　　　　나는 영화관에 가고 싶어.

❷ pouvoir (할 수 있다) → 능력, 가능성, 추측, 허락

1) 인칭에 따른 pouvoir 동사 변형

Je	peux
Tu	peux
Il / Elle	peut
Nous	pouvons
Vous	pouvez
Ils / Elles	peuvent

2) pouvoir 동사 활용

– 주어 + pouvoir + 동사원형 : 주어는 ~할 수 있다.

· Je peux chanter.　　　　　　　　　나는 노래할 수 있다.

· Tu peux marcher ?　　　　　　　　너는 걸을 수 있니?

· Il peut cuisiner.　　　　　　　　　그는 요리를 할 수 있다.

· Nous pouvons entrer ?　　　　　　우리는 들어갈 수 있나요?

· Vous pouvez entrer.　　　　　　　너희는 들어갈 수 있다.

· Ils peuvent entrer.　　　　　　　　그들은 들어올 수 있다.

marcher v. 걷다 ｜ cuisiner v. 요리하다

· Je peux sortir ?　　　　　　　　　나는 나갈 수 있어? (나가도 돼?)

　Oui, tu peux sortir.　　　　　　　응, 너는 나갈 수 있어. (나가도 돼)

　Non, tu ne peux pas.　　　　　　아니, 너는 할 수 없어. (나갈 수 없어)

· Tu peux venir à la soirée ?　　　　너는 파티에 올 수 있니?

　Non, je ne peux pas.　　　　　　아니, 나는 할 수 없어. (갈 수 없어)

Vocabulaire

soirée n.f 파티

❸ devoir (해야 한다) → 의무, 금지

1) 인칭에 따른 **devoir** 동사 변형

Je	dois
Tu	dois
Il / Elle	doit
Nous	devons
Vous	devez
Ils / Elles	doivent

2) **devoir** 동사 활용

- 주어 + **devoir** + 동사원형 : 주어는 ~해야 한다.

　· Je dois étudier.　　　　　　　나는 공부해야 한다.

　 Tu dois étudier.　　　　　　　너는 공부해야 한다.

　· Il doit travailler.　　　　　　그는 일해야 한다.

　 Nous devons travailler.　　　　우리는 일해야 한다.

　· Vous devez faire du sport.　　　당신은 운동을 해야 한다.

　· Elles doivent appeler la police.　그녀들은 경찰을 불러야 한다.

　· Tu ne dois pas fumer.　　　　너는 담배 피워서는 안 된다.

Vocabulaire

travailler v. 일하다 ｜ appeler v. 부르다 ｜ fumer v. 담배 피우다(흡연하다)

Q. 빈칸에 들어갈 동사의 알맞은 형태를 고르세요.

· Vous _____ aller à Paris ? 당신은 파리에 가고 싶으세요?
① voulez   ② veulez   ③ doivez

Q. 빈칸에 알맞은 pouvoir 동사 변형을 고르세요.

· Je _____ chanter. 나는 노래할 수 있다.
① poux   ② peux   ③ peus

Q. 다음 중 옳은 문장을 고르세요.

① Nous devons travailler.
② Vous ne pouvez fumer pas.
③ Ils veuxent étudier français.

정답 ①, ②, ①

조동사

❶ vouloir 동사 변형 규칙

Je	veux	Nous	voulons
Tu	veux	Vous	voulez
Il Elle	veut	Ils Elles	veulent

Je veux un café. Je veux parler.

Vous voulez manger ?

❷ pouvoir 동사 변형 규칙

Je	peux	Nous	pouvons
Tu	peux	Vous	pouvez
Il Elle	peut	Ils Elles	peuvent

Tu peux marcher ?

Nous pouvons entrer ? Ils peuvent entrer.

❸ devoir 동사 변형 규칙

Je	dois	Nous	devons
Tu	dois	Vous	devez
Il Elle	doit	Ils Elles	doivent

Je dois étudier. Nous devons travailler.

Elles doivent appeler la police. Tu ne dois pas fumer.

ÉTAPE 5. **Bonus 연습 문제**

1) 다음 빈칸에 알맞은 **pouvoir** 동사 변화형을 써보세요.

Je	①	Nous	⑤
Tu	②	Vous	⑥
Il	③	Ils	⑦
Elle	④	Elles	⑧

2) 빈칸에 알맞은 **vouloir** 동사 변화형을 써보세요.

- 나는 노래하고 싶다.　　　　　→ ① Je _____ chanter.

- 그는 프랑스어를 공부하고 싶다. → ② Il _____ étudier le français.

- 우리는 프랑스에 가고 싶다.　　→ ③ Nous _____ aller en France.

3) 빈칸에 알맞은 **devoir** 동사 변화형을 써보세요.

- 나는 일해야 한다.　　　　　→ ① Je _____ travailler.

- 우리는 공부해야 한다.　　→ ② Nous _____ étudier.

- 그는 담배 피워서는 안 된다. → ③ Il ne _____ pas fumer.

4) pouvoir 동사를 사용하여 프랑스어로 써보세요.

- 나는 들어갈 수 있나요? (들어가도 되나요?) → ① _____

- 당신은 파티에 올 수 있나요?　　　　→ ② _____

- 우리는 노래할 수 있습니다.　　　　→ ③ _____

1) ① peux ② peux ③ peut ④ peut ⑤ pouvons ⑥ pouvez ⑦ peuvent ⑧ peuvent
2) ① veux ② veut ③ voulons
3) ① dois ② devons ③ doit
4) ① Je peux entrer ?
　 ② Vous pouvez venir à la soirée ?
　 ③ Nous pouvons chanter.

Leçon

21

나는 방금 밥 먹었다.

ÉTAPE 1. 오늘의 핵심 Point

> **근접 미래, 근접 과거, 현재 진행**
>
> ❶ **aller** + 동사원형
> ❷ **venir de** + 동사원형
> ❸ **être en train de** + 동사원형

ÉTAPE 2. 오늘의 학습 내용

❶ 근접 미래 시제

주어	aller 동사	동사원형	: 주어는 ~할 것이다, ~하러 간다.

• 부정문 형태 : aller 동사 앞뒤로 ne, pas

주어	ne	aller 동사	pas	동사원형
Je		vais		
Tu		vas		
Il Elle		va		+ 동사원형
Nous		allons		
Vous		allez		
Ils Elles		vont		

– 주어 + aller + 동사원형 : 주어는 ~ 할 것이다.

· Je vais manger.	나는 밥 먹을 것이다.
· Tu vas manger ?	너는 밥 먹을 거니?
· Il va travailler.	그는 일할 것이다.
· Nous allons voyager.	우리는 여행할 것이다.
· Vous allez voyager.	당신은 여행할 것이다.
· Elles vont sortir.	그녀들은 외출할 것이다.
· Elles ne vont pas sortir.	그녀들은 외출하지 않을 것이다.

Vocabulaire

voyager 여행하다

❷ 근접 과거 시제

주어	venir 동사	de	동사원형	: 주어는 방금 ~했다.

• 부정문 형태 : venir 동사 앞뒤로 ne, pas

주어	ne	venir 동사	pas	de	동사원형
Je		viens			
Tu		viens			
Il Elle		vient			
Nous		venons		+ de 동사원형	
Vous		venez			
Ils Elles		viennent			

- 주어 + venir + de + 동사원형 : 주어는 방금 ~했다.

· Je viens de manger.   나는 방금 밥 먹었다.

· Tu viens de manger.   너는 방금 밥 먹었다.

· Il vient de commencer.   그는 방금 시작했다.

· Nous venons d'arriver.   우리는 방금 도착했다.

· Vous venez d'arriver ?   당신은 방금 도착했습니까?

· Ils viennent de partir.   그들은 방금 떠났다.

Vocabulaire

arriver v. 도착하다 | partir v. 출발하다, 떠나다

❸ 현재 진행 시제

주어	être 동사	en train de	동사원형	: 주어는 ~하는 중이다.

• 부정문 형태 : être 동사 앞뒤로 ne, pas

주어	ne	être 동사	pas	en train de	동사원형

주어	être 동사	
Je	suis	
Tu	es	
Il Elle	est	
Nous	sommes	+ en train de 동사원형
Vous	êtes	
Ils Elles	sont	

– 주어 + être + en train de + 동사원형 : 주어는 ~하는 중이다.

· Je suis en train de manger.   나는 밥 먹는 중이다.

· Tu es en train de manger ?   너는 밥 먹는 중이니?

· Elle est en train de travailler.   그녀는 일하는 중이다.

· Nous sommes en train d'étudier.   우리는 공부하는 중이다.

· Vous êtes en train d'étudier.   너희는 공부하는 중이다.

· Elles sont en train de voyager.   그녀들은 여행하는 중이다.

Vocabulaire

voyager v. 여행하다

ÉTAPE 3. **QUIZ 연습 문제**

Q. 빈칸에 알맞은 것을 고르세요.

· Tu viens ＿＿ arriver ? 너는 방금 도착했니?
① en tain ② d' ③ des

Q. 빈칸에 들어갈 알맞은 동사 형태를 고르세요.

· Je ＿＿ sortir. 나는 외출할 것이다.
① aller ② viens ③ vais

Q. 다음 중 옳은 문장을 고르세요.

① Nous êtes en train de étudier.
② Elle vient de mange.
③ Ils vont voyager.

정답 ②, ③, ③

근접 미래, 근접 과거, 현재 진행

❶ 각 시제별 형태

1) 근접 미래 시제

Je	vais	
Tu	vas	
Il Elle	va	+ 동사원형
Nous	allons	
Vous	allez	
Ils Elles	vont	

2) 근접 과거 시제

Je	viens	
Tu	viens	
Il Elle	vient	+ de 동사원형
Nous	venons	
Vous	venez	
Ils Elles	viennent	

3) 현재 진행 시제

Je	suis	
Tu	es	
Il	est	
Elle		+ en train de
Nous	sommes	동사원형
Vous	êtes	
Ils	sont	
Elles		

❷ 각 시제별 활용 예시

1) 근접 미래 시제

주어 + aller + 동사원형 : 주어는 ~ 할 것이다.

Je vais manger. Nous allons voyager.

Elles ne vont pas sortir.

2) 근접 과거 시제

주어 + venir + de + 동사원형 : 주어는 방금 ~했다.

Je viens de manger. Nous venons d'arriver.

Ils viennent de partir.

3) 현재 진행 시제

주어 + être + en train de + 동사원형 : 주어는 ~하는 중이다.

Je suis en train de manger.

Vous êtes en train d'étudier.

Elles sont en train de voyager.

1) aller 동사를 사용하여 근접 미래 표현을 써보세요.

- 나는 여행할 것이다.　→　① _____

- 그들은 외출할 것이다.　→　② _____

- 우리는 밥 먹을 것이다.　→　③ _____

2) venir 동사를 사용하여 근접 과거 표현을 써보세요.

- 나는 방금 밥 먹었다.　→　① _____

- 그녀는 방금 도착했다.　→　② _____

- 당신은 방금 떠났다.　→　③ _____

3) être 동사를 사용하여 현재 진행 표현을 써보세요.

- 나는 일하는 중이다.　　→　① _____

- 너는 공부하는 중이다.　→　② _____

- 우리는 여행하는 중이다. →　③ _____

정답

1) ① Je vais voyager.
   ② Ils vont sortir.
   ③ Nous allons manger.
2) ① Je viens de manger.
   ② Elle vient d'arriver.
   ③ Vous venez de partir.
3) ① Je suis en train de travailler.
   ② Tu es en train d'étudier.
   ③ Nous sommes en train de voyager.

22

나도, 잘 지내.

ÉTAPE 1. 오늘의 핵심 Point

강세형 인칭대명사

❶ 강세형 인칭대명사의 형태
❷ 강세형 인칭대명사의 활용 (+ 필수 전치사)

ÉTAPE 2. 오늘의 학습 내용

❶ 강세형 인칭대명사의 형태

	주어 인칭대명사	강세형 인칭대명사
나	je	moi
너	tu	toi
그	il	lui
그녀	elle	elle
우리	nous	nous
너희, 당신(들)	vous	vous
그들	ils	eux
그녀들	elles	elles

❷ 강세형 인칭대명사의 활용

1) 단독으로 사용 : 주어 강조, 대립 강조

- Moi, je suis étudiant.   (나), 나는 학생이다.
- Toi, tu parles anglais ?   (너), 너는 영어를 말하니?
- Lui, c'est Léo.   (그), 그는 Léo다.
- Elle, c'est Marie.   (그녀), 그녀는 Marie다.
- Eux, ils sont journalistes,   (그들), 그들은 기자이고,
  elles, elles sont avocates.   (그녀들), 그녀들은 변호사이다.

2) C'est와 함께 사용

- C'est qui ?   누구니? / 누구세요?
- C'est moi.   (이 사람은) 나야.
- C'est toi ?   (이 사람은) 너니?
  C'est vous ?   (이 사람은) 당신입니까?
  C'est Paul ?   (이 사람은) Paul입니까?
- Oui, c'est lui.   네, (이 사람은) 그입니다.

⭐ 잠깐!

– Ce sont + eux/elles

- Ce sont Julie et Paul.   (이 사람들은) Julie와 Paul이다.
  Ce sont eux.   (이 사람들은) 그들이다.

3) 그리고 et, 역시 aussi 와 함께 사용

- Comment ça va ?   어떻게 지내(요)?
  Très bien. Et toi ?   아주 잘 지내. 너는?
  Moi aussi, je vais bien.   나도, 잘 지내.
- J'aime le sport. Et vous ?   나는 운동을 좋아해. 너희는?
  Nous aussi.   우리도.
- Toi et moi, nous sommes   너와 나, 우리는 학생이다.
  étudiants.

• 다양한 전치사

pour	~을 위해, 위하여
chez	~집에
avec	~와 함께
à	~의, ~에 딸린

4) 전치사 뒤에서 (pour, chez, avec, à) 사용

· C'est un cadeau pour vous. 이것은 당신을 위한 선물입니다.

· C'est pour moi ? 이것은 나를 위한 것이니?

  Oui, c'est pour toi. 응, 이것은 너를 위한 것이야.

· Vous allez chez Marie ? 너희는 Marie의 집에 가니?

  Oui, nous allons chez elle. 응, 우리는 그녀의 집에 가.

· Je suis chez moi. 나는 나의 집에 있어.

· Tu habites avec tes parents ? 너는 너의 부모님과 함께 사니?

  Oui, j'habite avec eux. 응, 나는 그들과 함께 살아.

· Il travaille avec Marie et Anne ? 그는 Marie와 Anne랑 함께 일하니?

  Oui, il travaille avec elles. 응, 그는 그녀들과 함께 일해.

· C'est à moi. 이것은 내 것이다.

· C'est à vous ? 이것은 너희 것이니?

  Oui, c'est à nous. 응, 이것은 우리 것이야.

Q. 빈칸에 들어갈 알맞은 강세형 인칭대명사를 적으세요.

- Tu vas chez Julie ? 너는 Julie의 집에 가니?
  – Oui, je vais chez _____. 응, 나는 그녀의 집에 가.

- C'est à toi ? 이것은 네 것이니?
  – Non, ce n'est pas à _____. 아니, 이것은 내 것이 아니야.

- J'aime le chocolat. 나는 초콜릿을 좋아해.
  – _____ aussi. 우리도.

강세형 인칭대명사

❶ 강세형 인칭대명사의 형태

나	moi	우리	nous
너	toi	너희, 당신(들)	vous
그	lui	그들	eux
그녀	elle	그녀들	elles

❷ 강세형 인칭대명사의 활용

  1) 단독으로 사용 : 주어 강조, 대립 강조

  Moi, je suis étudiant. Lui, c'est Léo.

  Eux, ils sont journalistes, elles, elles sont avocates.

2) **C'est** 와 함께 사용

C'est moi. C'est lui.

Ce sont eux.

3) 그리고 **et**, 역시 **aussi** 와 함께 사용

J'aime le sport. Et vous ? Nous aussi.

4) 전치사 뒤에서 (**pour**, **chez**, **avec**, **à**) 사용

C'est pour toi.

Je suis chez moi.

J'habite avec eux.

C'est à vous ?

ÉTAPE 5. Bonus 연습 문제

1) 빈칸에 알맞은 강세형 인칭대명사를 써보세요.

나	①		우리	⑤
너	②		너희, 당신(들)	⑥
그	③		그들	⑦
그녀	④		그녀들	⑧

2) 질문에 대한 답변을 빈칸에 알맞은 강세형 인칭대명사를 넣어 완성하세요.

① C'est qui ?

→ 나야. C'est _____.

② Elle est chez Paul ?

→ 응, 그녀는 그의 집에 있어. Oui, elle est chez _____.

③ Tu travailles avec Julie et Paul ?

→ 응, 나는 그들과 일해. Oui, je travaille avec _____.

3) 다음 문장을 강세형 인칭대명사를 사용하여 프랑스어로 써보세요.

• 이것은 너를 위한 거야. → ① _____

• 이것은 그들의 것이다. → ② _____

• 나는 (나의) 집에 있다. → ③ _____

정답
1) ① moi ⑤ nous
    ② toi ⑥ vous
    ③ lui ⑦ eux
    ④ elle ⑧ elles
2) ① moi
    ② lui
    ③ eux
3) ① C'est pour toi.
    ② C'est à eux.
    ③ Je suis chez moi.

나는 Paul보다 더 키가 크다.

오늘의 핵심 Point

비교급, 최상급

❶ 비교급
❷ 최상급
❸ 불규칙한 형태

오늘의 학습 내용

❶ 비교급

• 비교급 : "~보다 더/덜 ~하다"

plus 더 moins 덜	형용사 (주어에 성·수일치)	que ~보다	비교대상

1) 주어 + **être** + **plus** + 형용사 + **que** + 비교대상 : <u>주어</u>는 ~보다 더 ~하다.

· Je suis plus grand que Paul.　　　나(남)는 Paul보다 더 키가 크다.

　Je suis plus grande que Paul.　　나(여)는 Paul보다 더 키가 크다.

· Tu es plus petit que Paul.　　　　너(남)는 Paul보다 더 키가 작다.

　Tu es plus petite que Paul.　　　너(여)는 Paul보다 더 키가 작다.

· Il est plus beau que Paul. 그는 Paul보다 더 잘생겼다.

  Il est plus beau que lui. 그는 그보다 더 잘생겼다.

· Elle est plus belle que Marie. 그녀는 Marie보다 더 아름답다.

  Elle est plus belle qu'elle. 그녀는 그녀보다 더 아름답다.

· Nous sommes plus beaux qu'eux. 우리는 그들보다 더 잘생겼다.

  Vous êtes plus belles qu'elles. 너희는 그녀들보다 더 아름답다.

· Ils sont plus gros que moi. 그들은 나보다 더 뚱뚱하다.

  Elles sont plus grosses que nous. 그녀들은 우리보다 더 뚱뚱하다.

Vocabulaire

gros a. 뚱뚱한

2) 주어 + être + moins + 형용사 + que + 비교대상 : 주어는 ~보다 덜 ~하다.

· Je suis moins gros que mon frère. 나(남)는 나의 형보다 덜 뚱뚱하다.

  Tu es moins grosse que moi. 너(여)는 나보다 덜 뚱뚱하다.

· Il est moins gentil que lui. 그는 그보다 덜 친절하다.

  Elle est moins gentille qu'elle. 그녀는 그녀보다 덜 친절하다.

Vocabulaire

frère n.m 남자 형제 | gentil a. 친절한

☑ 하나만 더!

− 주어 + être + plus/moins + 형용사 + (que + 비교대상) : 주어는 더/덜 ~하다

· Ce stylo est plus cher. 이 볼펜은 더 비싸다.

· Ce stylo est moins cher. 이 볼펜은 덜 비싸다. (더 싸다)

Vocabulaire

cher a. 비싼

❷ 최상급

• 최상급 : "~에서 가장/가장 덜 ~하다"

정관사 le, la, les	plus 더 moins 덜	형용사	de ~에서	비교범위

⚠ 정관사와 형용사는 주어에 성·수일치

1) 주어 + **être** + 정관사 + **plus** + 형용사 + **de** + 비교범위 : <u>주어</u>는 ~에서 가장 ~하다.

· Je suis le plus beau de la classe.   나(남)는 반에서 가장 잘생겼다.

· Je suis la plus belle de la classe.   나(여)는 반에서 가장 아름답다.

· Tu es le plus grand de la classe.   너(남)는 반에서 가장 키가 크다.

· Tu es la plus petite de la classe.   너(여)는 반에서 가장 키가 작다.

· Ils sont les plus gentils du monde.   그들은 세상에서 가장 착하다.

☑ 하나만 더!

– 주어 + **être** + 정관사 + **plus/moins** + 형용사 + (**de** + 비교범위)

  : <u>주어</u>는 가장 ~/가장 덜 ~하다.

· Ils sont les moins gentils de la
  classe.

그들은 반에서 가장 덜 착하다.

· Ce stylo est le plus cher.   이 볼펜은 가장 비싸다.

· Ce stylo est le moins cher.   이 볼펜은 가장 덜 비싸다. (가장 싸다)

❸ 불규칙한 형태

1) **bon**의 비교급 : (~보다) 더 좋은, 더 맛있는

plus 더	bon	bonne	que ~보다	비교대상
	bons	bonnes		

⚠ 이렇게 쓰지 않음 (틀린 형태)

meilleur	meilleure	que ~보다	비교대상
meilleurs	meilleures		

- 주어 + être + meilleur(e)(s) : <u>주어</u>는 더 좋다/맛있다.

· Ce plat est bon.	이 요리는 맛있다.
· Ce plat est meilleur.	이 요리는 더 맛있다.

> **Vocabulaire**
>
> plat n.m 요리

2) **bon**의 최상급 : (~에서) 가장 좋은, 가장 맛있는

정관사 le, la, les	meilleur	meilleure	de ~에서	비교범위
	meilleurs	meilleures		

- 주어 + être + 정관사 + meilleur(e)(s) : <u>주어</u>는 가장 좋다/맛있다.

· Ce plat est le meilleur.	이 요리는 가장 맛있다.
· Je suis le meilleur.	나는 최고다.
· Elle est la meilleure du monde.	그녀는 세상에서 최고다. (세계 최고다)

Q. 빈칸에 들어갈 알맞은 비교급 표현을 고르세요.

- Elle est _____ gentille que Julie. 그녀는 Julie보다 더 친절하다.
  ① plus ② moins ③ aussi

Q. 빈칸에 들어갈 알맞은 최상급 표현을 고르세요.

- Nous sommes _____ grands de la classe. 우리는 반에서 가장 키가 크다.
  ① le plus ② les plus ③ meilleur

Q. 다음 중 옳은 문장을 고르세요.

  ① Elles sont moins grands qu'eux.
  ② Je suis la meilleure.
  ③ Il est la plus grand du monde.

정답 ①, ②, ②

ÉTAPE 4. 마무리 정리

비교급과 최상급

❶ 비교급

- 비교급 : "~보다 더/덜 ~하다"

plus 더 moins 덜	형용사 (주어에 성·수일치)	que ~보다	비교대상

1) 주어 + **être** + **plus** + 형용사 + **que** + 비교대상
  : <u>주어</u>는 ~보다 더 ~하다.

  Je suis plus grand que Paul.

  Elle est plus belle qu'elle.

2) 주어 + **être** + **moins** + 형용사 + **que** + 비교대상
: 주어는 ~보다 덜 ~하다.

Il est moins gentil que lui.

❷ 최상급

• 최상급 : "~에서 가장/가장 덜 ~하다"

정관사 le, la, les	plus 더 moins 덜	형용사	de ~에서	비교범위

⚠ 정관사와 형용사는 주어에 성·수일치

Je suis le plus beau de la classe.

Tu es la plus petite de la classe.

❸ 불규칙한 비교급과 최상급

1) **bon**의 비교급 : (~보다) 더 좋은, 더 맛있는

meilleur	meilleure	que ~보다	비교대상
meilleurs	meilleures		

Ce plat est meilleur.

2) **bon**의 최상급 : (~에서) 가장 좋은, 가장 맛있는

정관사 le, la, les	meilleur	meilleure	de ~에서	비교범위
	meilleurs	meilleures		

Ce plat est le meilleur.

Elle est la meilleure du monde.

1) 빈칸을 채워 의미에 맞는 비교급 문장을 만드세요.

- Julie는 너보다 덜 아름답다.　→ ① Julie est ＿＿＿＿ belle ＿＿＿＿ toi.

- 그들은 그들보다 더 뚱뚱하다.　→ ② Ils sont ＿＿＿＿ gros ＿＿＿＿ eux.

- 나(남자)는 Paul보다 키가 크다. → ③ Je suis ＿＿＿＿ grand ＿＿＿＿ Paul.

2) 성·수일치에 주의하며 제시된 비교급 문장을 프랑스어로 써보세요.

- 우리(여성 복수)는 그녀들보다 더 키가 크다. → ① ＿＿＿＿＿＿＿＿＿＿＿＿＿＿＿

- 너(남성 단수)는 그보다 더 잘생겼다.　　　 → ② ＿＿＿＿＿＿＿＿＿＿＿＿＿＿＿

- 그녀들은 그녀들보다 덜 친절하다.　　　 → ③ ＿＿＿＿＿＿＿＿＿＿＿＿＿＿＿

3) 최상급 문장을 프랑스어로 써보세요.

- 나(남자)는 반에서 가장 키가 크다.　　 → ① ＿＿＿＿＿＿＿＿＿＿＿＿＿＿＿

- 이 요리는 세상에서 가장 맛있다.　　　 → ② ＿＿＿＿＿＿＿＿＿＿＿＿＿＿＿

- 그들은 세상에서 최고이다(세계 최고다). → ③ ＿＿＿＿＿＿＿＿＿＿＿＿＿＿＿

정답

1) ① moins, que
　② plus, qu'
　③ plus, que
2) ① Nous sommes plus grandes qu'elles.
　② Tu es plus beau que lui.
　③ Elles sont moins gentilles qu'elles.
3) ① Je suis le plus grand de la classe.
　② Ce plat est le meilleur du monde.
　③ Ils sont les meilleurs du monde.

ÉTAPE 1. 오늘의 핵심 Point

날씨 표현

❶ 비인칭 구문

ÉTAPE 2. 오늘의 학습 내용

1) **Il fait** + 형용사 : 날씨가 ~하다.

Il fait (날씨가) ~하다	beau 좋은, 맑게 갠
	mauvais 나쁜, 궂은
	chaud 더운
	froid 추운

⚠ 형용사 → 남성 단수형만 사용

· Il fait beau.	날씨가 좋다.
· Il fait mauvais.	날씨가 나쁘다.
· Il fait chaud.	날씨가 덥다.
· Il fait froid.	날씨가 춥다.
· Il fait très froid.	날씨가 매우 춥다.
· Il fait trop froid.	날씨가 너무 춥다.
· Il ne fait pas beau.	날씨가 안 좋다. (날씨가 좋지 않다.)
· Il ne fait pas froid.	날씨가 춥지 않다.

très adv. 매우 ｜ trop adv. 너무

☑ 하나만 더!

– 의문형용사 quel + temps + fait-il ? : 날씨가 어때?

le temps	시간, 날씨
quel temps	어떤 날씨

· Quel temps fait-il ?   날씨가 어때?

· Quel temps fait-il à Paris ?   파리 날씨가 어때?

· Quel temps fait-il en France ?   프랑스 날씨가 어때?

· Quel temps fait-il au Canada ?   캐나다 날씨가 어때?

2) Il y a + 부분관사 + (날씨 관련)명사 : (약간의) 명사가 있다.

• Il y a + 명사 : ~이 있다

soleil	해, 햇빛
vent	바람
nuages	구름들
brouillard	안개

du soleil	해, 햇빛
du vent	바람
des nuages	구름들
du brouillard	안개

· Il y a du soleil.   햇빛이 있다.

· Il y a du vent.   바람이 있다. (바람이 분다)

· Il y a des nuages.   구름이 있다. (구름이 꼈다)

· Il y a du brouillard.   안개가 있다. (안개가 꼈다)

· Il n'y a pas de soleil.   햇빛이 없다.

⚠ 부정문에서 부분관사는 부정의 de로 바뀜.

3) 날씨 동사 pleuvoir, neiger

pleuvoir	비오다
neiger	눈오다

⚠ 비인칭 구문으로만 사용 (동사 변형은 3인칭 단수형만 존재)

- Il pleut.　　　　　　　　　비가 온다.
  Il pleut beaucoup.　　　　비가 많이 온다.
  Il ne pleut pas.　　　　　 비가 오지 않는다.
- Il neige.　　　　　　　　　눈이 온다.
  Il neige beaucoup.　　　　눈이 많이 온다.
  Il ne neige pas.　　　　　 눈이 오지 않는다.

> **Vocabulaire**
>
> beaucoup adv. 많이

ÉTAPE 3. QUIZ 연습 문제

Q. 빈칸에 들어갈 알맞은 날씨 표현을 고르세요.

- Il ＿＿＿＿＿ très beau. 날씨가 매우 좋다.
  ① soleil ② est ③ fait

- ＿＿＿＿＿＿ du vent. 바람이 있다. (바람이 분다)
  ① Il pleut ② Il y a ③ Il est

Q. 다음 중 틀린 문장을 고르세요.

① Il ne fait pas mauvais.
② Il n'y a pas de soleil.
③ Il pleut très.

정답 ③, ②, ③ (→ Il pleut beaucoup.)

날씨 표현 (비인칭 구문)

1) **Il fait** + 형용사 : 날씨가 ~하다.

Il fait (날씨가) ~하다	beau 좋은, 맑게 갠
	mauvais 나쁜, 궂은
	chaud 더운
	froid 추운

Il fait beau. Il fait très froid.

☑ 의문형용사 quel + temps + fait-il ? : 날씨가 어때?

Quel temps fait-il ?

2) **Il y a** + 부분관사 + (날씨 관련)명사 : (약간의) 명사가 있다.

Il y a du soleil. Il y a du vent. Il y a des nuages.

Il n'y a pas de soleil.

3) 날씨 동사 **pleuvoir**, **neiger**

Il pleut. Il neige.

1) 다음 날씨를 나타내는 문장을 프랑스어로 써보세요.

- 비가 온다. → ① _____

- 눈이 온다. → ② _____

2) 빈칸에 알맞은 형용사와 명사를 넣어 날씨 표현을 완성하세요.

- 날씨가 춥다.   → ① Il fait _____ .

- 햇빛이 있다.   → ② Il y a _____ .

- 구름이 있다. (구름이 꼈다) → ③ Il y a _____ .

- 날씨가 덥다.   → ④ Il fait _____ .

- 날씨가 안 좋다. (좋지 않다) → ⑤ Il ne fait pas _____ .

3) 도치 형태로 날씨를 묻는 질문을 써보세요.

- 파리 날씨가 어때? → _____

정답
1) ① Il pleut.
   ② Il neige.
2) ① froid
   ② du soleil
   ③ des nuages
   ④ chaud
   ⑤ beau
3) Quel temps fait-il à Paris ?

Leçon 25
나는 머리가 아프다.

avoir 동사 관용 표현

❶ avoir mal à ~
❷ avoir besoin de ~
❸ avoir envie de ~

■ 인칭에 따른 avoir 동사 변형

J'	ai
Tu	as
Il Elle	a
Nous	avons
Vous	avez
Ils Elles	ont

❶ avoir mal à ~

주어	avoir 동사	mal	à	신체 부위

: 주어는 ~가 아프다. (주어는 ~에 고통을 가지고 있다)

• 부정문 형태 : avoir 동사 앞뒤로 ne, pas

주어	ne	avoir 동사	pas	mal	à	신체 부위

• 신체 부위 명사

le ventre	배
la tête	머리
les dents	치아
les yeux (l'œil)	눈

− 주어 + avoir mal + 전치사 à + 정관사·(신체)명사 : 주어는 ~ 가 아프다.

· J'ai mal à la tête.	나는 머리가 아프다. (나는 머리에 고통이 있다.)
· J'ai mal au ventre.	나는 배가 아프다.
· Il a mal aux dents.	그는 이가 아프다.
· Tu as mal aux yeux ?	너는 (두) 눈이 아프니?
· Vous avez mal où ?	당신은 어디가 아픕니까?
· J'ai mal à l'œil.	나는 (한쪽) 눈이 아픕니다.

❷ avoir besoin de ~

주어	avoir 동사	besoin	de	명사* 동사원형

*(명사 사용 시) 부정관사 un, une 유지, 복수 관사(des), 부분관사 → de

: 주어는 [~가 / ~하는 것이] 필요하다.

• 부정문 형태 : avoir 동사 앞뒤로 ne, pas

1) 주어 + **avoir besoin** + 전치사 **de** + 명사 : 주어는 ~가 필요하다.

· J'ai besoin d'un café. 나는 커피 한 잔이 필요하다.

· Tu as besoin de médicaments ? 너는 약이 필요하니?

· Nous avons besoin de pain. 우리는 빵이 필요하다.

> **Vocabulaire**
>
> médicament n.m 약 | pain n.m 빵

2) 주어 + **avoir besoin** + 전치사 **de** + 동사원형
: 주어는 ~하는 것이 필요하다. (주어는 ~할 필요가 있다)

· J'ai besoin de dormir. 나는 잠을 잘 필요가 있다.
(나는 잠을 자야 한다.)

· Tu as besoin d'aller à l'hôpital. 너는 병원에 갈 필요가 있다.

· Il a besoin de faire le ménage. 그는 집안일을 할 필요가 있다.

> **Vocabulaire**
>
> dormir v. 자다

❸ avoir envie de ~

주어	avoir 동사	envie	de	동사원형

: 주어는 ~하는 것을 원한다(~하고 싶다).

• 부정문 형태 : avoir 동사 앞뒤로 ne, pas

· J'ai envie de partir. 나는 떠나고 싶다.

· J'ai envie d'aller aux toilettes. 나는 화장실에 가고 싶다.

· Il a envie de manger du gâteau. 그는 (약간의) 케이크를 먹고 싶다.

> **Vocabulaire**
>
> partir v. 떠나다

Q. 빈칸에 들어갈 알맞은 것을 고르세요.

- Vous avez _____ au ventre ? 당신은 배가 아픕니까?
  ① envie ② mal ③ faim

- Ils ont _____ de dormir. 그들은 잠을 잘 필요가 있다. (잠을 자야 한다.)
  ① besoin ② doit ③ mal

Q. 다음 중 틀린 문장을 고르세요.

① Nous avons mal au ventre.
② Elle a envie de sortir.
③ Il a besoin de des glaçons.

정답 ②, ①, ③ (→ Il a besoin de glaçons.)

avoir 동사 관용 표현

❶ avoir mal à ~

주어	avoir 동사	mal	à	신체 부위

: 주어는 ~가 아프다. (주어는 ~에 고통을 가지고 있다)

J'ai mal au ventre. Tu as mal aux yeux ?

Vous avez mal où ? J'ai mal à l'œil.

❷ avoir besoin de ~

주어	avoir 동사	besoin	de	명사 동사원형

: 주어는 [~가 / ~하는 것이] 필요하다.

J'ai besoin d'un café. Nous avons besoin de pain.

J'ai besoin de dormir.

❸ avoir envie de ~

주어	avoir 동사	envie	de	동사원형

: 주어는 ~하는 것을 원한다(~하고 싶다).

J'ai envie d'aller aux toilettes.

ÉTAPE 5. **Bonus 연습 문제**

1) 관사의 축약에 주의하며 빈칸을 채워 넣으세요.

• 나는 머리가 아프다.　　→ ① J'ai mal _____ la tête.

• 나는 (한쪽) 눈이 아프다. → ② J'ai mal _____ œil.

• 나는 (양쪽) 눈이 아프다. → ③ J'ai mal _____ yeux.

2) 빈칸에 알맞은 명사를 써보세요.

• 나는 떠나고 싶다.　　　→ ① J'ai _____ de partir.

• 우리는 약이 필요하다.　→ ② Nous avons _____ de médicaments.

• 나는 화장실에 가고 싶다. → ③ J'ai _____ d'aller aux toilettes.

3) avoir 동사 관용 표현을 사용하여 프랑스어로 써보세요.

• 나는 커피 한 잔이 필요하다.   → ① _____

• 그녀는 병원에 갈 필요가 있다. → ② _____

• 그는 먹어야 한다.   → ③ _____

• 나는 자고 싶지 않다.   → ④ _____

정답

1) ① à
   ② à l'
   ③ aux
2) ① envie
   ② besoin
   ③ envie
3) ① J'ai besoin d'un café.
   ② Elle a besoin d'aller à l'hôpital.
   ③ Il a besoin de manger.
   ④ Je n'ai pas envie de dormir.

그는 아무것도 하지 않는다.

다양한 부정 형태

① ne ~ jamais
② ne ~ plus
③ ne ~ rien
④ ne ~ personne

■ 다양한 부정 형태

ne ~ jamais	결코(절대) ~않다
ne ~ plus	더 이상 ~않다
ne ~ rien	아무것도 ~않다
ne ~ personne	아무도 ~않다

① ne ~ jamais

– 주어 ne 동사 jamais : 주어는 결코(절대) ~않는다.

· Je ne chante pas.	나는 노래하지 않는다.
Je ne chante jamais.	나는 절대 노래하지 않는다.
· Tu bois du coca ?	너는 콜라를 마시니?
Non, je ne bois jamais de coca.	아니, 나는 절대 콜라를 마시지 않아.

❷ ne ~ plus

- 주어 ne 동사 plus : <u>주어</u>는 더 이상 ~않는다.

· Je ne fume pas.	나는 흡연하지 않는다.
· Je ne fume plus.	나는 더 이상 흡연하지 않는다.

• 빈도부사

toujours	항상, 여전히
· Tu fumes toujours ?	너는 여전히 흡연하니?
Non, je ne fume plus.	아니, 나는 더 이상 흡연하지 않아.
· Tu aimes toujours le café ?	너는 여전히 커피를 좋아하니?
Non, je n'aime plus le café.	아니, 나는 더 이상 커피를 좋아하지 않아.
· J'ai faim.	나는 배고프다.
Je n'ai pas faim.	나는 배고프지 않다.
Je n'ai plus faim.	나는 더 이상 배고프지 않다. (나는 배부르다.)

❸ ne ~ rien

- 주어 ne 동사 rien : <u>주어</u>는 아무것도 ~않는다.

· Tu ne manges pas.	너는 먹지 않는다.
Tu ne manges rien ?	너는 아무것도 먹지 않니?
· Je regrette.	나는 후회한다.
Je ne regrette rien.	나는 아무것도 후회하지 않는다.

- Qu'est-ce qu'il fait ?   그는 무엇을 하니?
  Il ne fait rien.   그는 아무것도 하지 않는다.

Vocabulaire

regretter v. 후회하다

❹ ne ~ personne

– 주어 ne 동사 personne : 주어는 아무도 ~않는다.

- J'aime Marie.   나는 Marie를 좋아한다.
  Je n'aime pas Marie.   나는 Marie를 좋아하지 않는다.
  Je n'aime personne.   나는 아무도 좋아하지 않는다.
- Il y a quelqu'un ?   누군가 있나요?
  Non, il n'y a pas quelqu'un. (X)   아니요, 누군가 없어요. (X)
  → Non, il n'y a personne.   → 아니요, 아무도 없어요.

Vocabulaire

quelqu'un n. 누군가

ÉTAPE 3. QUIZ 연습 문제

Q. 다음 질문에 부정문으로 대답해 보세요.

- Ils fument ? 그들은 흡연하니?
  – Non, (   ). 아니, 그들은 더 이상 흡연하지 않아.

- Elle mange ? 그녀는 밥 먹니?
  – Non, (   ). 아니, 그녀는 아무것도 먹지 않아.

- Tu bois de la bière ? 너는 맥주를 마시니?
  – Non, (   ) de bière. 아니, 나는 절대 맥주를 마시지 않아.

정답 ils ne fument plus, elle ne mange rien, je ne bois jamais

다양한 부정 형태

❶ ne ~ jamais

주어 ne 동사 jamais : 주어는 결코(절대) ~않는다.

Je ne chante jamais. Je ne bois jamais de coca.

❷ ne ~ plus

주어 ne 동사 plus : 주어는 더 이상 ~않는다.

Tu fumes toujours ? Non, je ne fume plus.

Je n'ai plus faim.

❸ ne ~ rien

주어 ne 동사 rien : 주어는 아무것도 ~않는다.

Je ne regrette rien.

Qu'est-ce qu'il fait ? Il ne fait rien.

❹ ne ~ personne

주어 ne 동사 personne : 주어는 아무도 ~않는다.

Je n'aime personne. Il n'y a personne.

1) 다음 빈칸에 의미에 맞는 부정 표현을 써보세요.

Ne ~	①	더 이상 ~않다
	②	결코(절대) ~않다
	③	아무것도 ~않다
	④	아무도 ~않다

2) 제시된 문장을 보고 의미에 맞게 빈칸을 채워보세요.

- 나는 더 이상 배고프지 않다. → ① Je _____ ai _____ faim.

- 나는 결코 담배 피우지 않는다. → ② Je _____ fume _____.

- 그녀는 아무것도 하지 않는다. → ③ Elle _____ fait _____.

- 아무도 없다.   → ④ Il _____ y a _____.

3) 제시된 문장을 다양한 부정 표현을 사용하여 프랑스어로 써보세요.

- 그는 결코 커피를 마시지 않는다. → ① _____

- 그녀는 아무도 좋아하지 않는다. → ② _____

정답
1) ① plus ② jamais ③ rien ④ personne
2) ① n', plus
   ② ne, jamais
   ③ ne, rien
   ④ n', personne
3) ① Il ne boit jamais de café.
   ② Elle n'aime personne.

우리는 드라마를 본다.

ÉTAPE 1. 오늘의 핵심 Point

자주 사용하는 동사

regarder (보다), écouter (듣다), lire (읽다), écrire (쓰다)

ÉTAPE 2. 오늘의 학습 내용

❶ regarder (보다)

1) 인칭에 따른 regarder 동사 변형 규칙

Je	regarde
Tu	regardes
Il Elle	regarde
Nous	regardons
Vous	regardez
Ils Elles	regardent

2) regarder 동사 활용

- 주어 + regarder + 명사 : 주어는 명사를 본다.

· Je regarde la télévision.	나는 텔레비전을 본다.
· Tu regardes un film.	너는 영화를 본다.
· Il regarde une fille.	그는 한 소녀를 (바라)본다.
· Nous regardons une série.	우리는 드라마를 본다.
· Vous regardez le paysage.	너희는 경치를 본다.
· Qu'est-ce que tu regardes ?	너는 무엇을 보니?
· Je regarde une vidéo.	나는 동영상을 봐.

Vocabulaire

fille n.f 소녀 | série n.f 드라마 | paysage n.m 경치 | vidéo n.f 동영상

❷ écouter (듣다)

1) 인칭에 따른 écouter 동사 변형 규칙

J'	écoute
Tu	écoutes
Il Elle	écoute
Nous	écoutons
Vous	écoutez
Ils Elles	écoutent

2) écouter 동사 활용

- 주어 + écouter + 명사 : 주어는 명사를 듣는다.

· J'écoute la radio.	나는 라디오를 듣는다.
· Tu écoutes de la musique.	너는 음악을 듣는다.
· Elle écoute les oiseaux.	그녀는 새소리를 듣는다.
· Nous écoutons le professeur.	우리는 선생님 말을 듣는다.

· Qu'est-ce que vous écoutez ?　　　　당신은 무엇을 듣습니까?

· J'écoute de la musique classique.　　나는 클래식 음악을 듣습니다.

Vocabulaire

radio n.f 라디오 | oiseau(x) n.m 새

❸ lire (읽다)

1) 인칭에 따른 **lire** 동사 변형 규칙

Je	lis
Tu	lis
Il Elle	lit
Nous	lisons
Vous	lisez
Ils Elles	lisent

2) **lire** 동사 활용

– 주어 + **lire** + 명사 : 주어는 명사를 읽는다.

· Je lis un livre.　　　　　　나는 책 한 권을 읽는다.

· Tu lis un roman.　　　　　너는 소설 한 권을 읽는다.

· Elle lit un journal.　　　　그녀는 신문을 읽는다.

· Nous lisons une lettre.　　우리는 편지 한 통을 읽는다.

· Vous lisez un courriel.　　당신은 이메일 한 통을 읽는다.

· Qu'est-ce que tu lis ?　　너는 무엇을 읽니?

· Je lis un roman.　　　　　나는 소설을 읽어.

Vocabulaire

roman n.m 소설 | journal n.m 신문 | lettre n.f 편지 | courriel n.m 이메일

❹ écrire (쓰다)

1) 인칭에 따른 écrire 동사 변형 규칙

J'	écris
Tu	écris
Il Elle	écrit
Nous	écrivons
Vous	écrivez
Ils Elles	écrivent

2) écrire 동사 활용

– 주어 + écrire + 명사 : 주어는 명사를 쓴다.

· J'écris un livre.	나는 책을 쓴다.
· Tu écris une lettre.	너는 편지 한 통을 쓴다.
· Il écrit un courriel.	그는 이메일 한 통을 쓴다.
· Vous écrivez votre nom.	당신은 당신의 이름을 쓴다.
· Ils écrivent des lettres en français.	그들은 프랑스어로 편지들을 쓴다.

Vocabulaire

nom n.m 이름

Q. 빈칸에 들어갈 동사의 알맞은 형태를 고르세요.

- Vous _____ la télé ? 당신은 TV를 봅니까?
  ① écoute ② regardez ③ regades

- J'_____ du rock. 나는 록(음악)을 듣는다.
  ① écoute ② regard ③ lit

Q. 다음 중 옳은 문장을 고르세요.

① Tu regards une série ?
② Nous écoutons le professeur.
③ Ils écrivont un livre.

정답 ②, ①, ②

자주 사용하는 동사

❶ 자주 사용하는 동사 변형 규칙

1) **regarder** 동사 변형 규칙

Je	regarde	Nous	regardons
Tu	regardes	Vous	regardez
Il Elle	regarde	Ils Elles	regardent

2) écouter 동사 변형 규칙

J'	écoute	Nous	écoutons
Tu	écoutes	Vous	écoutez
Il		Ils	
Elle	écoute	Elles	écoutent

3) lire 동사 변형 규칙

Je	lis	Nous	lisons
Tu	lis	Vous	lisez
Il		Ils	
Elle	lit	Elles	lisent

4) écrire 동사 변형 규칙

J'	écris	Nous	écrivons
Tu	écris	Vous	écrivez
Il		Ils	
Elle	écrit	Elles	écrivent

❷ 자주 사용하는 동사 활용 예시

1) regarder 동사의 활용

Je regarde la télévision.

Nous regardons une série.

2) écouter 동사의 활용

Tu écoutes de la musique.

Nous écoutons le professeur.

3) **lire** 동사의 활용

Tu lis un roman.

Vous lisez un courriel.

4) **écrire** 동사의 활용

Il écrit un courriel.

Ils écrivent des lettres en français.

ÉTAPE 5. **Bonus 연습 문제**

1) 다음 빈칸에 알맞은 **lire** 동사 변화형을 써보세요.

Je	①	Nous	⑤
Tu	②	Vous	⑥
Il	③	Ils	⑦
Elle	④	Elles	⑧

2) 제시된 문장을 보고 빈칸에 알맞은 동사 변화형을 써보세요.

• 나는 소설 한 편을 읽는다. → ① Je _____ un roman.

• 당신은 책 한 권을 쓴다.　→ ② Vous _____ un livre.

• 그들은 드라마를 본다.　→ ③ Ils _____ une série.

• 너는 편지를 한 통 쓴다.　→ ④ Tu _____ une lettre.

• 너는 무엇을 듣니?　　→ ⑤ Qu'est-ce que tu _____ ?

3) 제시된 문장을 écouter 또는 regarder 동사를 사용하여 프랑스어로 써보세요.

- 그는 라디오를 듣는다. → ① _____

- 우리는 한 소녀를 본다. → ② _____

- 나는 텔레비전을 본다. → ③ _____

- 나는 음악을 듣는다.   → ④ _____

정답
1) ① lis ② lis ③ lit ④ lit
   ⑤ lisons ⑥ lisez ⑦ lisent ⑧ lisent
2) ① lis
   ② écrivez
   ③ regardent
   ④ écris
   ⑤ écoutes
3) ① Il écoute la radio.
   ② Nous regardons une fille.
   ③ Je regarde la télévision.
   ④ J'écoute de la musique.

Leçon
28
다들 잘 지낸다.

ÉTAPE 1. 오늘의 핵심 Point

부정형용사 tout

❶ 부정형용사 **tout**의 형태
❷ 부정형용사 **tout**의 활용
❸ 부정형용사 **tout**를 활용한 시간 표현

ÉTAPE 2. 오늘의 학습 내용

❶ 부정형용사 **tout**의 형태 : 전체, 모든

	남성	여성
단수	tout	toute
복수	tous	toutes

Tout		
Toute	한정사	명사
Tous	(정관사, 지시형용사, 소유형용사)	
Toutes		

: 명사 전체, 모든 명사(들)

❷ 부정형용사 tout의 활용

1) tout(e) + 정관사 + 단수 명사 : 명사 전체/전부

·le gâteau	케이크
Tout le gâteau	케이크 전체
Je mange tout le gâteau.	나는 케이크 전체를 먹는다.
·la famille	가족
Toute la famille	가족 전체
Toute la famille part en France.	가족 전체가 프랑스로 떠난다.
·le monde	(집합적) 세상 사람, 많은 사람, 사람들
Tout le monde	사람들 전부 (모든 사람들)
Bonjour, tout le monde !	안녕하세요, 여러분!
Tout le monde va bien.	사람들 전부 잘 지낸다. (다들 잘 지낸다.)

2) tous / toutes + 정관사 + 복수 명사 : 모든 명사들

·les étudiants	학생들
Tous les étudiants	모든 학생들
Tous les étudiants parlent français.	모든 학생들은 프랑스어를 말한다.
Toutes les étudiantes parlent français.	모든 (여)학생들은 프랑스어를 말한다.

3) tous / toutes + 소유형용사 + 복수 명사 : 모든 ~의 명사들

·mes amis	내 친구들
Tous mes amis	모든 내 친구들
Tous mes amis viennent à la soirée.	모든 내 친구들이 파티에 온다.
Toutes mes amies viennent à la soirée.	모든 내 (여)친구들이 파티에 온다.

❸ 부정형용사 tout를 활용한 시간 표현

• 시간 명사

le temps	시간
la nuit	밤
le jour	날, 하루
la journée	하루, 낮 시간

1) tout(e) + 정관사 + 단수 명사 : <u>명사</u> 전체/전부

·le temps	시간
Tout le temps	시간 전부 (항상)
Il pleut tout le temps à Londres.	런던에는 항상 비가 온다.

·la nuit	밤
Toute la nuit	밤 전체 (밤새)
Je fais mes devoirs toute la nuit.	나는 밤새 숙제를 한다.

Tout		단수 명사	→ <u>명사</u> 내내
Toute	정관사		
Tous		복수 명사	→ <u>명사</u> 마다
Toutes			

·la journée	하루, 낮 시간
Toute la journée	낮 전체, 하루 종일
Je travaille toute la journée.	나는 하루 종일 일한다.

2) tous / toutes + 정관사 + 복수 명사 : 모든 <u>명사</u>(들)

·les jours	날들
Tous les jours	모든 날들 (매일)
Je vais à l'école tous les jours.	나는 매일 학교에 간다.

· les nuits 밤들

Toutes les nuits 모든 밤들 (매일 밤)

J'étudie toutes les nuits. 나는 매일 밤 공부한다.

ÉTAPE 3. QUIZ 연습 문제

Q. 빈칸에 알맞은 부정형용사 tout의 형태를 고르세요.

· Vous prenez _____ le gâteau ? 당신은 케이크 전체를 드시나요?

① tout ② tous ③ toute

· _____ mes amies sont gentilles. 모든 내 (여)친구들은 친절하다.

① tous ② toute ③ toutes

Q. 빈칸에 들어갈 알맞은 시간 표현을 고르세요.

· Nous étudions le français _____. 우리는 프랑스어를 매일 공부한다.

① tous le jour
② tous les jours
③ tous les soirs

정답 ①, ③, ②

ÉTAPE 4. 마무리 정리

부정형용사 tout

❶ 부정형용사 tout의 형태 : 전체, 모든

	남성	여성
단수	tout	toute
복수	tous	toutes

Tout	한정사	명사
Toute	(정관사, 지시형용사, 소유형용사)	
Tous		
Toutes		

❷ 부정형용사 tout의 활용

1) **tout**(e) + 정관사 + 단수 명사 : 명사 전체/전부

Tout le gâteau, toute la famille

2) **tous / toutes** + 정관사 + 복수 명사 : 모든 명사들

Tous les étudiants, toutes les étudiantes

3) **tous / toutes** + 소유형용사 + 복수 명사 : 모든 ~의 명사들

Tous mes amis viennent à la soirée.

❸ 부정형용사 tout를 활용한 시간표현

1) **tout**(e) + 정관사 + 단수 명사 : 명사 전체/전부

Tout le temps, toute la journée

2) **tous / toutes** + 정관사 + 복수 명사 : 모든 명사들

Tous les jours

Tout		단수 명사	→ 명사 내내
Toute	정관사		
Tous		복수 명사	→ 명사 마다
Toutes			

1) 빈칸을 채워 넣으세요.

- 케이크 전체 → ① _____ le gâteau

- 모든 사람들(사람들 전부) → ② _____ le monde

- 모든 (여)학생들 → ③ _____ les étudiantes

2) 빈칸에 tout를 활용한 시간 표현을 써보세요.

- 그들은 항상 일합니다. → ① Ils travaillent _____.

- 그는 밤새 숙제를 한다. → ② Il fait les devoirs _____.

- 나는 매일 학교에 간다. → ③ Je vais à l'école _____.

3) 제시된 문장을 프랑스어로 써보세요.

- 모든 학생들이 프랑스로 떠난다. → ① _____

- 가족 전체가 프랑스어를 말한다. → ② _____

- 나는 매일 일한다. → ③ _____

정답

1) ① Tout
   ② Tout
   ③ Toutes
2) ① tout le temps
   ② toute la nuit
   ③ tous les jours
3) ① Tous les étudiants partent en France. 또는
      Toutes les étudiantes partent en France.
   ② Toute la famille parle français.
   ③ Je travaille tous les jours.

Leçon 29

나는 너를 사랑한다.

ÉTAPE 1. 오늘의 핵심 Point

> **직접 목적격 인칭대명사**
> ❶ 직접 목적격 인칭대명사의 형태
> ❷ 직접 목적격 인칭대명사의 활용

ÉTAPE 2. 오늘의 학습 내용

❶ 직접 목적격 인칭대명사의 형태

• 직접 목적 보어 : 타동사 뒤에 전치사 없이 위치하는 명사, 일반적으로 '~을/를'로 해석

주어	동사	직접 목적 보어

J'aime Marie. 나는 Marie를 사랑한다.
(Marie → 직접목적보어)

주어	직접 목적격 인칭대명사	동사

⚠ 동사 앞에 위치

• 직접 목적격 인칭대명사 (3인칭) : '그것(들)을'로 해석

	남성	여성
단수	le (l')	la (l')
복수	les	

192 NEW 프랑스어 기초문법

② 직접 목적격 인칭대명사의 활용

1) 주어 + 직접 목적격 대명사 + 동사 : 주어는 그것(들)을 ~한다.

· Je prends le stylo.	나는 그 볼펜을 가져간다.
Je le prends.	나는 그것을 가져간다.
· Je prends la pomme.	나는 그 사과를 가져간다.
Je la prends.	나는 그것을 가져간다.
· Je prends les pommes.	나는 그 사과들을 가져간다.
Je les prends.	나는 그것들을 가져간다.
· Je prends mon stylo.	나는 내 볼펜을 가져간다.
Je le prends.	나는 그것을 가져간다.
· Je prends cette pomme.	나는 이 사과를 가져간다.
Je la prends.	나는 그것을 가져간다.

주어 인칭대명사	직접 목적격 인칭대명사	
je	me (m')	
tu	te (t')	
il / elle	le / la (l')	
nous	nous	동사
vous	vous	
ils / elles	les	

	주어 인칭대명사	직접 목적격 인칭대명사
나	je	me (m') 나를
너	tu	te (t') 너를
그	il	le (l') 그를, 그것을
그녀	elle	la (l') 그녀를, 그것을
우리	nous	nous 우리를
너희, 당신(들)	vous	vous 당신(들)을/너희를
그들	ils	les 그(녀)들을, 그것들을
그녀들	elles	

2) 주어 + 직접 목적격 대명사 + 동사 : 주어는 ~을 ~한다.

- Tu regardes moi. (X)
  → Tu me regardes.

너는 나를 바라본다.

- Je regarde toi. (X)
  → Je te regarde.

나는 너를 바라본다.

- Je regarde Emma.

나는 Emma를 바라본다.

  Je la regarde.

나는 그녀를 바라본다.

- Je regarde Luc.

나는 Luc을 바라본다.

  Je le regarde.

나는 그를 바라본다.

- Je regarde Emma et Luc.

나는 Emma와 Luc을 바라본다.

  Je les regarde.

나는 그들을 바라본다.

- Il nous regarde.

그는 우리를 바라본다.

- Elle vous regarde.

그녀는 당신을 바라본다.

• 자주 함께 활용되는 동사

aimer	좋아하다
inviter	초대하다
appeler	부르다, 전화하다
écouter	듣다

주어 인칭대명사	직접 목적격 인칭대명사	
je	me (m')	
tu	te (t')	aimer
il / elle	le / la (l')	inviter
nous	nous	appeler
vous	vous	écouter
ils / elles	les	

· J'aime toi. (X)
  ➔ Je t'aime.   나는 너를 사랑한다.

· Je l'aime.   나는 그(녀)를 사랑한다.

· Je les aime.   나는 그(녀)들을 사랑한다.

· Je vous aime.   나는 당신(들)을 사랑한다.

· Tu m'aimes ?   너는 나를 사랑하니?

✿ 잠깐!

– 주어 + ne 직접 목적격 대명사 + 동사 pas : 주어는 ~을 ~않는다.

· Non, je ne t'aime pas.   아니, 나는 너를 사랑하지 않는다.

· Tu m'écoutes ?   너 나를(내 말을) 듣니?

  Non, je ne t'écoute pas.   아니, 나는 너를(너의 말을) 듣지 않는다.

· Ils ne m'invitent pas.   그들은 나를 초대하지 않는다.

· Elle ne m'appelle pas.   그녀는 나를 부르지(전화하지) 않는다.

ÉTAPE 3. QUIZ 연습 문제

Q. 빈칸에 알맞은 직접 목적격 인칭대명사를 고르세요.

· Vous ____'aimez ? 당신은 나를 사랑합니까?
  ① moi ② je ③ m

· Je ____ prends. 나는 그것들을 가져간다.
  ① ce ② ma ③ les

Q. 다음 중 옳은 문장을 고르세요.

① Vous le prenez ?
② Vous m'invite.
③ Nous vous aimez.

정답 ③, ③, ①

직접 목적격 인칭대명사

❶ 직접 목적격 인칭대명사의 형태

주어 인칭대명사	직접 목적격 인칭대명사	
je	me (m')	
tu	te (t')	
il / elle	le / la (l')	동사
nous	nous	
vous	vous	
ils / elles	les	

❷ 직접 목적격 인칭대명사의 활용

1) 주어 + 직접 목적격 대명사 + 동사 : <u>주어는 그것(들)을 ~한다.</u>

   Je le prends. Je la prends.

   Je les prends.

2) 주어 + 직접 목적격 대명사 + 동사 : <u>주어는 ~을 ~한다.</u>

   Je te regarde. Tu me regardes.

   Je t'aime. Je les aime.

   ✿ 주어 + ne 직접 목적격 대명사 + 동사 pas : <u>주어는 ~을 ~않는다.</u>

   Je ne t'écoute pas.

1) 빈칸에 알맞은 직접 목적격 인칭대명사를 써보세요.

나를	①	우리를	⑤
너를	②	당신(들)을/너희를	⑥
그를, 그것을	③	그들을, 그것들을	⑦
그녀를, 그것을	④	그녀들을, 그것들을	⑧

2) 제시된 문장 속 목적어를 직접 목적격 대명사로 바꾸어 빈칸에 써보세요.

· J'aime la pomme.　　　→ ① Je _____ aime.

· Tu aimes Emma.　　　→ ② Tu _____ aimes.

· Je prends mon stylo.　→ ③ Je _____ prends.

· Il prend ces pommes.　→ ④ Il _____ prend.

3) 직접 목적격 인칭대명사를 사용하여 다음 문장을 프랑스어로 써보세요.

· 나는 너를 바라본다.　　　　　　→ ① _____

· 그녀는 너를 사랑하니?　　　　　→ ② _____

· 너는 내 말을 듣지 않는다.　　　　→ ③ _____

· 그녀들은 우리를 초대한다.　　　　→ ④ _____

· 그는 그녀를 부르지(전화하지) 않는다. → ⑤ _____

정답
1) ① me ② te ③ le ④ la ⑤ nous ⑥ vous ⑦ les ⑧ les
2) ① l' ② l' ③ le ④ les
3) ① Je te regarde. ② Elle t'aime ? ③ Tu ne m'écoutes pas.
　 ④ Elles nous invitent. ⑤ Il ne l'appelle pas.

Leçon
30
나는 당신에게 선물을 준다.

ÉTAPE 1. **오늘의 핵심 Point**

간접 목적격 인칭대명사
❶ 간접 목적격 인칭대명사의 형태
❷ 간접 목적격 인칭대명사의 활용

ÉTAPE 2. **오늘의 학습 내용**

❶ 간접 목적격 인칭대명사의 형태

• 간접 목적 보어 : 전치사와 함께 동사의 의미를 보충하는 명사.
  전치사 à 와 쓰이는 경우, 일반적으로 '~에게'로 해석

주어	동사	전치사 + 명사 (간접 목적 보어)

Je parle à Paul. 나는 Paul에게 말한다.
(à Paul → 간접 목적 보어)

주어	간접 목적격 인칭대명사	동사

⚠ 동사 앞에 위치

	주어 인칭대명사	간접 목적격 인칭대명사
나	je	me (m') 나에게
너	tu	te (t') 너에게
그	il	lui 그(녀)에게
그녀	elle	
우리	nous	nous 우리에게
너희, 당신(들)	vous	vous 당신(들)에게/너희에게
그들	ils	leur 그(녀)들에게
그녀들	elles	

주어 인칭대명사	간접 목적격 인칭대명사	
je	me (m')	
tu	te (t')	
il / elle	lui	
nous	nous	동사
vous	vous	
ils / elles	leur	

❷ 간접 목적격 인칭대명사의 활용

– 주어 + 간접 목적격 대명사 + 동사 : <u>주어</u>는 ~에게 ~한다.

· Je parle à Paul.	나는 Paul에게 말한다.
Je lui parle.	나는 그에게 말한다.
· Tu parles à ta mère.	너는 너의 어머니에게 말한다.
Tu lui parles.	너는 그녀에게 말한다.
· Il parle à ses amis.	그는 그의 친구들에게 말한다.
Il leur parle.	그는 그들에게 말한다.

• 함께 자주 사용되는 동사

téléphoner	전화하다
répondre	대답하다
donner	주다
écrire	쓰다

주어 인칭대명사	간접 목적격 인칭대명사	
je	me (m')	
tu	te (t')	téléphoner
il / elle	lui	répondre
nous	nous	donner
vous	vous	écrire
ils / elles	leur	…

· Tu téléphones à moi. (X)
  → Tu me téléphones.

너는 나에게 전화한다.

· Je téléphone à toi. (X)
  → Je te téléphone.

내가 너에게 전화한다.

· Je vous téléphone.

내가 당신에게 전화한다.

· Jean répond à son fils.

Jean은 그의 아들에게 대답한다.

· Il répond à lui. (X)
  → Il lui répond.

그는 그에게 대답한다.

· Il répond à eux. (X)
  → Il leur répond.

그는 그들에게 대답한다.

· Tu donnes un cadeau à Paul et moi.　　　　　너는 Paul과 나에게 선물을 준다.

Tu nous donnes un cadeau.　　　　너는 우리에게 선물을 준다.

· Je vous donne un cadeau.　　　　나는 당신에게 선물을 준다.

· J'écris une lettre à un ami.　　　　나는 친구에게 편지를 쓴다.

Je lui écris une lettre.　　　　나는 그에게 편지를 쓴다.

Je lui écris.　　　　나는 그에게 (편지를) 쓴다.

· Tu m'écris.　　　　너는 나에게 (편지를) 쓴다.

✿ 잠깐!

– 주어 + ne 간접 목적격 대명사 + 동사 pas : <u>주어는 ~에게 ~않는다.</u>

· Tu ne m'écris pas.　　　　너는 나에게 (편지를) 쓰지 않는다.

· Je ne vous réponds pas.　　　　나는 너희에게 대답하지 않는다.

· Il ne lui téléphone pas.　　　　그는 그(녀)에게 전화하지 않는다.

Il ne lui téléphone jamais.　　　　그는 그(녀)에게 결코 전화하지 않는다.

ÉTAPE 3. QUIZ 연습 문제

Q. 빈칸에 알맞은 간접 목적격 인칭대명사를 고르세요.

· Vous _____ répondez ? 당신은 나에게 대답합니까?
　① moi　② je　③ me

· Il ne _____ téléphone jamais. 그는 결코 그녀에게 전화하지 않는다.
　① elle　② la　③ lui

Q. 다음 중 옳은 문장을 고르세요.

① Elles répondent à eux ?
② Vous me n'écrivez pas.
③ Ils leur donnent un cadeau.

정답 ③, ③, ③

간접 목적격 인칭대명사

❶ 간접 목적격 인칭대명사의 형태

주어 인칭대명사	간접 목적격 인칭대명사	
je	me (m')	
tu	te (t')	
il / elle	lui	동사
nous	nous	
vous	vous	
ils / elles	leur	

❷ 간접 목적격 인칭대명사의 활용

1) 주어 + 간접 목적격 대명사 + 동사 : 주어는 ~에게 ~한다.

Je lui parle. Il leur parle.

Tu me téléphones. Je vous donne un cadeau.

✿ 주어 + ne 간접 목적격 대명사 + 동사 pas : 주어는 ~에게 ~않는다.

Tu ne m'écris pas.

Il ne lui téléphone pas.

1) 빈칸에 알맞은 간접 목적격 인칭대명사를 써보세요.

나에게	①	우리에게	⑤
너에게	②	당신(들)에게/너희에게	⑥
그에게	③	그들에게	⑦
그녀에게	④	그녀들에게	⑧

2) 제시된 문장을 간접 목적격 대명사를 사용한 문장으로 바꾸세요.

· Je parle à Emma.

→ ① 나는 그녀에게 말한다. _____

· Je téléphone à mes parents.

→ ② 나는 그들에게 전화한다. _____

· Je donne un cadeau à Emma.

→ ③ 나는 그녀에게 선물 하나를 준다. _____

3) 간접 목적격 인칭대명사를 사용하여 다음 문장을 프랑스어로 써보세요.

· 나의 엄마는 나에게 전화한다.　　　→ ① _____

· 나의 엄마는 우리에게 선물 하나를 준다. → ② _____

· 나는 너에게 대답한다.　　　　　　→ ③ _____

· 그는 나에게 (편지를) 쓰지 않는다.　→ ④ _____

정답
1) ① me ② te ③ lui ④ lui ⑤ nous ⑥ vous ⑦ leur ⑧ leur
2) ① Je lui parle. ② Je leur téléphone. ③ Je lui donne un cadeau.
3) ① Ma mère me téléphone. ② Ma mère nous donne un cadeau.
　③ Je te réponds. ④ il ne m'écrit pas (de lettre).

Leçon 31
나는 8시에 일어난다.

ÉTAPE 1. 오늘의 핵심 Point

> **대명동사**
>
> se lever (일어나다), se coucher (눕다), se laver (씻다),
> s'appeler (이름은 ~이다)

ÉTAPE 2. 오늘의 학습 내용

■ 대명동사 형태 : 재귀대명사 + 동사

• 재귀대명사 : 주어와 동일한 사람이나 사물이 목적어가 되는 경우 사용하며, 일반적으로
  '자기 자신을, 자기 자신에게'로 해석

주어	재귀대명사	동사

⚠ 재귀대명사는 주어에 성·수일치

주어 인칭대명사	재귀대명사	
je	me (m')	
tu	te (t')	
il / elle	se (s')	
nous	nous	동사
vous	vous	
ils / elles	se (s')	

❶ se lever (일어나다)

1) 인칭에 따른 se lever 동사 변형 규칙

Je	me	lève
Tu	te	lèves
Il Elle	se	lève
Nous	nous	levons
Vous	vous	levez
Ils Elles	se	lèvent

2) se lever 동사 활용

– 주어 + se lever : 주어는 일어난다.

· Je lève la main.	나는 손을 든다.
· Je me lève.	나는 일어난다.
· Tu te lèves.	너는 일어난다.
· Il se lève.	그는 일어난다.
· Nous nous levons à 8 heures.	우리는 8시에 일어난다.
· Vous vous levez à quelle heure ?	너희는 몇 시에 일어나니?
· Mes parents se lèvent tôt.	나의 부모님은 일찍 일어난다.

Vocabulaire

main n.f 손 | tôt adv. 일찍

⭐ 잠깐!

– 주어 + ne se lever pas : 주어는 일어나지 않는다.

· Je ne me lève pas tôt.	나는 일찍 일어나지 않는다.

☑ 하나만 더!

· Je dois me lever à 7 heures.	나는 7시에 일어나야 한다.

❷ se coucher ((침대에)눕다, 잠자리에 들다)

1) 인칭에 따른 se coucher 동사 변형 규칙

Je	me	couche
Tu	te	couches
Il Elle	se	couche
Nous	nous	couchons
Vous	vous	couchez
Ils Elles	se	couchent

2) se coucher 동사 활용

– 주어 + se coucher : 주어는 눕는다/잠자리에 든다.

· Je couche mon bébé.	나는 나의 아기를 재운다(침대에 눕힌다).
· Je me couche.	나는 눕는다(잠자리에 든다).
· Tu te couches ?	너는 눕니(잠자리에 드니)?
· Il se couche.	그는 눕는다(잠자리에 든다).
· Nous nous couchons tôt.	우리는 일찍 눕는다(잠자리에 든다).
· Vous vous couchez tard ?	당신은 늦게 눕나요(잠자리에 드나요)?

Vocabulaire

bébé n.m 아기 | tard adv. 늦게

✿ 잠깐!

– 주어 + ne se coucher pas : 주어는 눕지/잠자리에 들지 않는다.

· Je ne me couche pas tard.	나는 늦게 잠자리에 들지 않는다.

❸ se laver (씻다)

1) 인칭에 따른 se laver 동사 변형 규칙

Je	me	lave
Tu	te	laves
Il Elle	se	lave
Nous	nous	lavons
Vous	vous	lavez
Ils Elles	se	lavent

2) se laver 동사 활용

① 주어 + se laver : 주어는 씻는다.

- Je lave le linge.　　　　　　　　나는 세탁물을 씻는다(빨래한다).

- Je me lave.　　　　　　　　　　나는 씻는다.

- Tu te laves.　　　　　　　　　　너는 씻는다.

- Elle se lave.　　　　　　　　　　그녀는 씻는다.

Vocabulaire

linge n.m 세탁물

• 신체 부위 명사

le visage	얼굴
les pieds	발
les mains	손
les cheveux	머리카락

② 주어 + se laver + 신체 부위 : 주어는 ~를 씻는다.

- Je me lave le visage.　　　　　　나는 얼굴을 씻는다(세수한다).

- Nous nous lavons les pieds.　　　우리는 발을 씻는다.

- Vous vous lavez les mains.　　　당신은 손을 씻는다.

· Ils se lavent les cheveux. 　　　　　그들은 머리를 씻는다(머리를 감는다).

✿ 잠깐!

– 주어 + ne se laver pas (+신체 부위) : 주어는 (~를) 씻지 않는다.

· Je ne me lave pas les cheveux. 　　　나는 머리를 감지 않는다.

❹ s'appeler ((주어의)이름은 ~이다)

1) 인칭에 따른 s'appeler 동사 변형 규칙

Je	m'	appelle
Tu	t'	appelles
Il Elle	s'	appelle
Nous	nous	appelons
Vous	vous	appelez
Ils Elles	s'	appellent

2) s'appeler 동사 활용

– 주어 + s'appeler + 이름 : (주어의) 이름은 ~이다.

· J'appelle ma mère.	나는 나의 엄마를 부른다.
· Je m'appelle Emma.	나의 이름은 Emma다.
· Il s'appelle Paul.	그의 이름은 Paul이다.
· Tu t'appelles Paul ?	너의 이름은 Paul이니?
· Tu t'appelles comment ?	너의 이름은 무엇이니?
· Comment t'appelles-tu ?	너의 이름은 무엇이니?
· Vous vous appelez comment ?	당신의 이름은 무엇입니까?
· Comment vous appelez-vous ?	당신의 이름은 무엇입니까?
· Je m'appelle Julien.	나의 이름은 Julien입니다.

Vocabulaire

comment adv. 어떻게

Q. 빈칸에 알맞은 재귀대명사를 고르세요.

- Ils _____ lèvent à 7h. 그들은 7시에 일어난다.
  ① les   ② leur   ③ se

Q. 빈칸에 알맞은 대명동사의 형태를 고르세요.

- Tu ne _____ pas les mains. 너는 손을 씻지 않는다.
  ① lave   ② te laves   ③ toi laves

Q. 다음 중 옳은 문장을 고르세요.

① Vous lavez vous cheveux.
② Ils se lavent.
③ Elles ne se levent pas tard.

정답 ③, ②, ②

ÉTAPE 4. 마무리 정리

대명동사

■ 대명동사의 형태

주어 인칭대명사	재귀대명사	
je	me (m')	
tu	te (t')	
il / elle	se (s')	동사
nous	nous	
vous	vous	
ils / elles	se (s')	

❶ 대명동사 변형 규칙

1) se lever 동사

Je	me	lève
Tu	te	lèves
Il / Elle	se	lève
Nous	nous	levons
Vous	vous	levez
Ils / Elles	se	lèvent

2) se coucher 동사

Je	me	couche
Tu	te	couches
Il / Elle	se	couche
Nous	nous	couchons
Vous	vous	couchez
Ils / Elles	se	couchent

3) se laver 동사

Je	me	lave
Tu	te	laves
Il / Elle	se	lave
Nous	nous	lavons
Vous	vous	lavez
Ils / Elles	se	lavent

4) **s'appeler** 동사

Je	m'	appelle
Tu	t'	appelles
Il / Elle	s'	appelle
Nous	nous	appelons
Vous	vous	appelez
Ils / Elles	s'	appellent

❷ 대명동사 활용 예시

1) se lever 동사

주어 + se lever : 주어는 일어난다.

Je me lève. Nous nous levons à 8 heures.

Je ne me lève pas tôt.

2) se coucher 동사

주어 + se coucher : 주어는 눕는다/잠자리에 든다.

Tu te couches ? Vous vous couchez tard ?

Je ne me couche pas tard.

3) se laver 동사

주어 + se laver : 주어는 씻는다.

Elle se lave. Vous vous lavez les mains.

Je ne me lave pas les cheveux.

4) s'appeler 동사

주어 + s'appeler : (주어의) 이름은 ~이다.

Je m'appelle Emma. Tu t'appelles comment ?

Comment vous appelez-vous ?

1) 다음 빈칸에 알맞은 **se lever** 동사 변화형을 써보세요.

Je	①	Nous	⑤
Tu	②	Vous	⑥
Il	③	Ils	⑦
Elle	④	Elles	⑧

2) 빈칸에 알맞은 재귀대명사를 써보세요.

- 당신은 일어난다.   → ① Vous _____ levez.

- 나는 손을 씻는다.   → ② Je _____ lave les mains.

- 그의 이름은 Julien이다. → ③ Il _____ appelle Julien.

3) 제시된 의문문을 프랑스어로 써보세요.

- 당신의 이름은 무엇입니까? → ① _____

- 너의 이름은 무엇이니?   → ② _____

4) 재귀대명사의 위치에 주의하여 프랑스어로 써보세요.

- 나는 7시에 일어나지 않는다. → ① _____

- 나는 머리를 감지 않는다.   → ② _____

- 나는 7시에 일어나야 한다.   → ③ _____

정답

1) ① me lève ② te lèves ③ se lève ④ se lève ⑤ nous levons ⑥ vous levez ⑦ se lèvent ⑧ se lèvent

2) ① vous ② me ③ s'

3) ① Comment vous appelez-vous ? 또는 Vous vous appelez comment ?
   ② Comment t'appelles-tu ? 또는 Tu t'appelles comment ?

4) ① Je ne me lève pas à 7h. ② Je ne me lave pas les cheveux. ③ Je dois me lever à 7h.

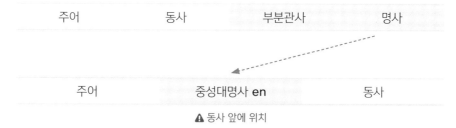

Leçon
32
나는 그곳에 있다.

ÉTAPE 1. 오늘의 핵심 Point

> **중성대명사**
>
> ❶ 중성대명사 en
> ❷ 중성대명사 y

ÉTAPE 2. 오늘의 학습 내용

❶ 중성대명사 en

• 중성대명사 en : de를 포함한 대명사
  '그것을, 그것으로부터, 그것에 대하여...' 등으로 해석

de + 관사	명사	→ en

1. 부분관사
2. 전치사 de + 관사

• 중성대명사 en의 위치

주어	동사	부분관사	명사
주어	중성대명사 en		동사

⚠ 동사 앞에 위치

‒ 주어 + 중성대명사 en + 동사 : <u>주어</u>는 그것을 ~한다.

· Je prends du café.	나는 커피를 마신다.
J'en prends.	나는 그것을 마신다.
· Tu prends de la bière ?	너는 맥주를 마시니?
Tu en prends ?	너는 그것을 마시니?
Oui, j'en prends.	응, 나는 그것을 마셔.
· Il prend des pâtes ?	그는 파스타를 먹니?
Oui, il en prend.	응, 그는 그것을 먹어.
· Vous prenez de la soupe ?	너희는 수프를 먹니?
Vous en prenez ?	너희는 그것을 먹니?
Oui, nous en prenons.	응, 우리는 그것을 먹어.
· Tu achètes du pain ?	너는 빵을 사니?
Oui, j'achète du pain.	응, 나는 빵을 사.
Oui, j'en achète.	응, 나는 그것을 사.
Non, je n'en achète pas.	아니, 나는 그것을 사지 않아.

❷ 중성대명사 y

• 중성대명사 y : de를 제외한 장소 전치사를 포함한 대명사
'그곳에, 거기에, 그것에 대하여...' 등으로 해석

장소 전치사		
à, en, dans, chez, devant, derrière, sur, sous ...	명사	→ y

• 중성대명사 y의 위치

주어	동사	장소 전치사	명사

주어	중성대명사 y	동사

⚠ 동사 앞에 위치

– 주어 + 중성대명사 y + 동사 : <u>주어</u>는 그곳에 ~한다.

· Je vais à Séoul.	나는 서울에 간다.
J'y vais.	나는 그곳에 간다.
· Tu vas en France ?	너는 프랑스에 가니?
Tu y vas ?	너는 그곳에 가니?
Oui, j'y vais.	응, 나는 그곳에 가.
Non, je n'y vais pas.	아니, 나는 그곳에 가지 않아.
· Il va au café.	그는 카페에 간다.
Il y va.	그는 그곳에 간다.
· Vous êtes chez Julie ?	너희는 Julie의 집에 있니?
Oui, nous y sommes.	응, 우리는 그곳에 있어.
· Les étudiants sont dans la classe ?	학생들은 교실 안에 있니?
Oui, ils y sont.	응, 그들은 그곳에 있어.

• 장소 전치사

sur	위에
sous	아래에
devant	앞에
derrière	뒤에

· Le stylo est sur la table ?	볼펜은 테이블 위에 있니?
Le stylo est sous la table ?	볼펜은 테이블 아래에 있니?
Oui, il y est.	응, 그것은 그곳에 있어.
· Tu es devant le café ?	너는 카페 앞에 있니?
Oui, je suis devant le café.	응, 나는 카페 앞에 있어.
Oui, j'y suis.	응, 나는 그곳에 있어.

Q. 빈칸에 알맞은 중성대명사를 넣으세요.

- Vous prenez des pâtes ? 당신은 파스타를 먹나요?
  – Oui, j'___ prends. 네, 저는 그것을 먹어요.

- Tu vas à la soirée ? 너는 파티에 가니?
  – Oui, j'___ vais. 응, 나는 그곳에 가.

Q. 다음 중 옳은 문장을 고르세요.

① Elles n'en pas prennent.
② Nous n'y allons pas.
③ Tu en ne bois pas.

정답 en, y, ②

중성대명사

❶ 중성대명사 en : de를 포함한 대명사
'그것을, 그것으로부터, 그것에 대하여...' 등으로 해석

de + 관사		명사	→ en
1. 부분관사			
2. 전치사 de + 관사			

주어	중성대명사 en	동사

⚠ 동사 앞에 위치

- 주어 + 중성대명사 en + 동사 : <u>주어</u>는 그것을 ~한다.

  Tu prends de la bière ? Oui, j'en prends.

  Tu achètes du pain ? Non, je n'en achète pas.

❷ 중성대명사 y : de를 제외한 장소 전치사를 포함한 대명사
'그곳에, 거기에, 그것에 대하여...'등으로 해석

장소 전치사	명사	→ y
주어	중성대명사 y	동사

⚠ 동사 앞에 위치

- 주어 + 중성대명사 y + 동사 : <u>주어</u>는 그곳에 ~한다.

  Tu vas en France ? Oui, j'y vais.

  Non, je n'y vais pas.

  Le stylo est sur la table ? Oui, il y est.

ÉTAPE 5. **Bonus 연습 문제**

1) 주어진 문장을 중성대명사를 사용한 문장으로 바꾸어보세요.

- Je prends du café. → ① 나는 그것을 마신다. J' ＿＿ prends.

- Il prend de l'eau. → ② 그는 그것을 마신다. Il ＿＿ prend.

- Je vais à Paris. → ③ 나는 그곳에 간다. J' ＿＿ vais.

- Il va en France. → ④ 그는 그곳에 간다. Il ＿＿ va.

- Nous sommes devant le café. → ⑤ 우리는 그곳에 있다. Nous ＿＿ sommes.

2) 중성대명사 **y**를 사용하여 다음 문장을 프랑스어로 써보세요.

- 당신들은 그곳에 있다.　　→ ① _____

- 그 볼펜은 그곳에 있다.　　→ ② _____

- 나는 그곳에 간다.　　　　→ ③ _____

- 나는 그곳에 가지 않는다. → ④ _____

3) 중성대명사 **en**을 사용하여 다음 질문에 프랑스어로 답변하세요.

- Tu prends du café ?　　→ ① 응, 나는 그것을 마셔. Oui, _____

- Tu achètes du pain ?　→ ② 응, 나는 그것을 사. Oui, _____

- Tu prends des pâtes ? → ③ 아니, 나는 그것을 먹지 않아.

　　　　　　　　　　　　　　　Non, _____

정답

1) ① en
　② en
　③ y
　④ y
　⑤ y
2) ① Vous y êtes.
　② Le stylo y est.
　③ J'y vais.
　④ Je n'y vais pas.
3) ① j'en prends.
　② j'en achète.
　③ je n'en prends pas.

1984년부터 우리는 리옹에 살고 있다.

ÉTAPE 1. 오늘의 핵심 Point

수 형용사 (2)

❶ 숫자 70~1000...
❷ 전치사 depuis

ÉTAPE 2. 오늘의 학습 내용

[복습] 숫자 1~69

1	un	6	six
2	deux	7	sept
3	trois	8	huit
4	quatre	9	neuf
5	cinq	10	dix
11	onze	16	seize
12	douze	17	dix-sept
13	treize	18	dix-huit
14	quatorze	19	dix-neuf
15	quinze	20	vingt

21	vingt et un	41	quarante et un
22	vingt-deux	50	cinquante
30	trente	51	cinquante et un
31	trente et un	60	soixante
40	quarante	61	soixante et un

❶ 숫자 70~1000...

70	soixante-dix	75	soixante-quinze
71	soixante et onze	76	soixante-seize
72	soixante-douze	77	soixante-dix-sept
73	soixante-treize	78	soixante-dix-huit
74	soixante-quatorze	79	soixante-dix-neuf

80	quatre-vingts	85	quatre-vingt-cinq
81	quatre-vingt-un	86	quatre-vingt-six
82	quatre-vingt-deux	87	quatre-vingt-sept
83	quatre-vingt-trois	88	quatre-vingt-huit
84	quatre-vingt-quatre	89	quatre-vingt-neuf

90	quatre-vingt-dix	95	quatre-vingt-quinze
91	quatre-vingt-onze	96	quatre-vingt-seize
92	quatre-vingt-douze	97	quatre-vingt-dix-sept
93	quatre-vingt-treize	98	quatre-vingt-dix-huit
94	quatre-vingt-quatorze	99	quatre-vingt-dix-neuf

100	cent	1000	mille
200	deux cents	2000	deux mille
300	trois cents	1990	mille neuf cent quatre-vingt-dix
601	six cent un	2015	deux mille quinze
675	six cent soixante-quinze	2022	deux mille vingt-deux

❷ 전치사 depuis

• '(전)부터, ~이래로' 등으로 해석

depuis +	시각, 요일, 월, 년도, 날짜 등	(시작점) 부터, 이래로
	기간	(기간) 전부터

1) depuis + 시작점 : ~부터, 이래로

- Elle travaille depuis 2014.   그녀는 2014년부터 일하고 있다.
- Il est journaliste depuis 2017.   그는 2017년부터 기자다.
- Depuis 1984, nous habitons à Lyon.   1984년부터 우리는 리옹에 살고 있다.

2) depuis + 기간 : ~전부터

- Depuis 2 ans, j'étudie le français.   2년 전부터 나는 프랑스어를 공부하고 있다.

3) depuis + quand : 언제부터

- Depuis quand vous êtes amis ?   언제부터 너희는 친구니?

  Depuis 10 ans, nous sommes amis.   10년 전부터 우리는 친구야.

· Depuis quand tu sors avec Paul ? 　　　언제부터 너는 **Paul**과 사귀고 있니?

Depuis 3 ans, je sors avec lui. 　　　3년 전부터 나는 그와 사귀고 있어.

Depuis 2019, je sors avec lui. 　　　2019년부터 나는 그와 사귀고 있어.

· Depuis quand travaillez-vous 　　　언제부터 당신은 이 회사에서 일하고 있습니
dans cette entreprise ? 　　　까?

Je travaille dans cette entreprise 　　　나는 이 회사에서 1997년부터 일하고 있습니
depuis 1997. 　　　다.

Vocabulaire

entreprise n.f 회사

ÉTAPE 3. 　QUIZ 연습 문제

Q. 빈칸에 알맞은 것을 고르세요.

· mille neuf _____ soixante-treize 　1973
① cinq 　② cent 　③ cents

· deux _____ cinq 　2005
① mille 　② milles 　③ millions

Q. 다음 중 틀린 문장을 고르세요.

① Il est en France depuis 1 an.
② Depuis quand travailles-tu ?
③ Elle étudie l'anglais depuis 2020 an.

정답 ②, ①, ③ (→ Elle étudie l'anglais depuis 2020.)

수 형용사 (2)

① 70-1000...

70	soixante-dix	80	quatre-vingts
71	soixante et onze	81	quatre-vingt-un
72	soixante-douze	82	quatre-vingt-deux
73	soixante-treize	83	quatre-vingt-trois
74	soixante-quatorze	84	quatre-vingt-quatre
75	soixante-quinze	85	quatre-vingt-cinq
76	soixante-seize	86	quatre-vingt-six
77	soixante-dix-sept	87	quatre-vingt-sept
78	soixante-dix-huit	88	quatre-vingt-huit
79	soixante-dix-neuf	89	quatre-vingt-neuf

90	quatre-vingt-dix	100	cent
91	quatre-vingt-onze	200	deux cents
92	quatre-vingt-douze	300	trois cents
93	quatre-vingt-treize	601	six cent un
94	quatre-vingt-quatorze	1000	mille
95	quatre-vingt-quinze	2000	deux mille
96	quatre-vingt-seize		
97	quatre-vingt-dix-sept		
98	quatre-vingt-dix-huit		
99	quatre-vingt-dix-neuf		

❷ 전치사 depuis

1) **depuis** + 시작점 : ~부터, 이래로

Depuis 1984, nous habitons à Lyon.

2) **depuis** + 기간 : ~전부터

Depuis 2 ans, j'étudie le français.

3) **depuis** + **quand** : 언제부터

Depuis quand travaillez-vous dans cette entreprise ?

ÉTAPE 5. **Bonus 연습 문제**

1) 다음 빈칸에 알파벳으로 숫자를 써보세요.

70	①		77	⑥
80	②		81	⑦
91	③		98	⑧
100	④		600	⑨
1000	⑤		2022	⑩

2) 다음 숫자를 알파벳으로 써보세요.

• 2016 → ① _____

• 1999 → ② _____

• 2015 → ③ _____

3) 전치사 depuis를 문두에 위치시켜 제시된 문장을 프랑스어로 써보세요.

- 1990년부터 나는 서울에 살고 있다.   → ① _____
- 그는 2012년부터 기자이다.   → ② _____
- 2년 전부터 나는 프랑스어를 공부한다. → ③ _____

1) ① soixante-dix ② quatre-vingts ③ quatre-vingt-onze ④ cent ⑤ mille
   ⑥ soixante-dix-sept ⑦ quatre-vingt-un ⑧ quatre-vingt-dix-huit ⑨ six cents
   ⑩ deux mille vingt-deux
2) ① deux mille seize
   ② mille neuf cent quatre-vingt-dix-neuf
   ③ deux mille quinze
3) ① Depuis 1990 (mille neuf cent quatre-vingt-dix), j'habite à Séoul.
   ② Depuis 2012 (deux mille douze), il est journaliste.
   ③ Depuis 2 (deux) ans, j'étudie le français.

Leçon 34
이것은 얼마예요?

의문사 (2)

❶ 의문사의 종류 (왜, 어떻게, 얼마나)
❷ 의문사의 활용
❸ 의문문에 답하기

❶ 의문사의 종류

pourquoi	왜
comment	어떻게
combien	얼마나

❷ 의문사의 활용

: 의문사를 활용한 의문문 만들기

① 주어 + 동사 + 의문사 ?

② 의문사 + est-ce que + 주어 + 동사 ?

③ 의문사 + 동사-주어 ? (도치)

④ 의문사 + 주어 + 동사 ?

⚠ 구어체로는 1,2,4번 형태를 주로 사용하고,
격식을 갖춰 말할 때, 문어체로는 3번 형태를 사용한다.

1) 의문사 **pourquoi** : 왜

· Tu étudies le français ?   너는 프랑스어를 공부하니?

Pourquoi tu étudies le français ?   너는 왜 프랑스어를 공부하니?

Pourquoi étudies-tu le français ?   너는 왜 프랑스어를 공부하니?

· Pourquoi tu ne manges pas ?   너는 왜 (밥)먹지 않니 ?

· Pourquoi vous ne venez pas à la
soirée ?   당신은 왜 파티에 오지 않나요 ?

2) 의문사 **comment** : 어떻게

· Comment ?   어떻게? (뭐라고?)

· Tu pars ?   너는 떠나니?

Comment tu pars ?   너는 어떻게 떠나니?

Comment pars-tu ?   너는 어떻게 떠나니?

· Tu vas bien ?   너는 잘 지내니?

· Comment tu vas ?   너는 어떻게 지내니?

Comment vas-tu ?   너는 어떻게 지내니?

· Il va bien ?   그는 잘 지내니?

Comment il va ?   그는 어떻게 지내니?

Comment va-t-il ?   그는 어떻게 지내니?

· Il est beau ?   그는 잘생겼니?

Comment il est ?   그는 어때?

Comment est-il ?   그는 어때?

3) 의문사 **combien** : 얼마나

· Tu m'aimes ?	너는 나를 사랑하니?
Combien tu m'aimes ?	너는 얼마나 나를 사랑하니?
· Vous êtes trois ?	당신들은 세 명이세요? (세 분이세요?)
Vous êtes combien ?	당신들은 몇 명이세요?
Combien êtes-vous ?	당신들은 몇 명이세요?
· Ça coûte 10 euros.	이것은 10유로다.
Ça coûte combien ?	이것은 얼마예요?
Combien ça coûte ?	이것은 얼마예요?

· Vous voulez des pommes ?	당신은 사과들을 원하세요?
Vous voulez combien de pommes ?	당신은 얼마만큼의 사과들을 원하세요?
Combien de pommes voulez-vous ?	당신은 얼마만큼의 사과들을 원하세요?
· Tu as des frères ?	너는 남자 형제들이 있니?
Tu as combien de frères ?	너는 몇 명의 남자 형제들이 있니?
Combien de frères as-tu ?	너는 몇 명의 남자 형제들이 있니?

❸ 의문문에 답하기

1) 의문사 **pourquoi** : 왜

· Pourquoi tu étudies le français ?	너는 왜 프랑스어를 공부하니?
Parce que je veux aller en France.	왜냐하면 나는 프랑스에 가고 싶기 때문이야.
· Pourquoi tu ne manges pas ?	너는 왜 (밥) 안 먹니?
Parce que je n'ai plus faim.	왜냐하면 나는 더 이상 배고프지 않기 때문이야.

2) 의문사 **comment** : 어떻게

   · Comment tu pars ?   너는 어떻게 떠나니?

    Je pars en avion.   나는 비행기로 떠나.

   · Comment vas-tu ?   너는 어떻게 지내니?

    Je vais bien.   나는 잘 지내.

   · Comment il est ?   그는 어때?

    Il est gentil.   그는 친절해.

3) 의문사 **combien** : 얼마나

   · Combien tu m'aimes ?   너는 얼마나 나를 사랑하니?

    Je t'aime beaucoup.   나는 너를 많이 사랑해.

   · Vous voulez combien de pommes ?   당신은 얼마만큼의 사과들을 원하세요?

    Je veux trois pommes.   나는 사과 3개를 원합니다.

   · Combien de frères as-tu ?   너는 몇 명의 남자 형제들이 있니?

    J'ai deux frères.   나는 남자 형제가 두 명 있어.

ÉTAPE 3.   **QUIZ 연습 문제**

Q. 답변을 보고 빈칸에 알맞은 의문사를 적으세요.

   · Vous êtes _____ ? 당신들은 몇 명이세요?
     − Nous sommes cinq. 우리는 5명입니다.

   · _____ va-t-elle ? 그녀는 어떻게 지내니?
     − Elle va très bien. 그녀는 아주 잘 지내.

   · _____ il va à l'école ? 그는 왜 학교에 가니?
     − Parce qu'il est étudiant. 왜냐하면 그는 학생이기 때문이야.

정답 combien, Comment, Pourquoi

의문사 (2)

❶ 의문사의 종류

pourquoi	comment	combien
왜	어떻게	얼마나

❷ 의문사의 활용

1) 의문사 **pourquoi** (왜)

   Pourquoi tu étudies le français ?

   Parce que je veux aller en France.

2) 의문사 **comment** (어떻게)

   Comment vas-tu ? Comment tu pars ?

3) 의문사 **combien** (얼마나)

   Combien ça coûte ?

   Vous voulez combien de pommes ?

1) 다음 빈칸에 알맞은 의문사를 써보세요.

왜	①
어떻게	②
얼마나	③

2) 문장의 앞부분에 의문사를 결합하여 도치 형태의 의문문을 써보세요.

• 당신은 왜 프랑스어를 공부하세요? → ① _____

• 너는 어떻게 지내니?　　　　　　 → ② _____

• 너는 얼마만큼의 사과를 원하니?　→ ③ _____

3) 주어진 답변에 대한 의문문을 유추하여 도치 형태로 써보세요.

• ① _____ 당신들은 몇 명이세요?

　→ Nous sommes trois.

• ② _____ 너는 몇 명의 남자 형제들이 있니?

　→ J'ai trois frères.

정답
1) ① pourquoi ② comment ③ combien
2) ① Pourquoi étudiez-vous le français ?
　② Comment vas-tu ?
　③ Combien de pommes veux-tu ?
3) ① Combien êtes-vous ?
　② Combien de frères as-tu ?

명령문

❶ 명령문 형태
❷ 명령문 활용

❶ 명령문 형태

1) 명령문 사용 인칭

	주어 인칭대명사	인칭에 따른 명령문 해석
너	tu	~해!
우리	nous	~하자!
당신(들)/너희	vous	~하세요!

⚠ 명령문에서 주어는 생략한다.

2) 1군, 2군 동사 명령형 어미변형 규칙

	-er 동사(1군 동사)	-ir 동사(2군 동사)
tu	-e	-is
nous	-ons	-issons
vous	-ez	-issez

⚠ aller 동사는 -er 동사 그룹과 규칙 동일 : 2인칭 단수에서 s 삭제

❷ 명령문 활용

1) 1군 동사 명령문

- Tu regardes.   너는 본다.

  Regarde !   (너) 봐!

- Nous chantons.   우리는 노래한다.

  Chantons !   (우리) 노래하자!

- Vous écoutez.   당신은 듣습니다.

  Écoutez !   (당신) 들으세요!

- Tu ne fumes pas.   너는 담배 피우지 않는다.

  Ne fume pas !   (너) 담배 피우지 마!

2) 2군 동사 명령문

- Tu finis ton travail.   너는 너의 일을 끝낸다.

  Finis ton travail !   (너) 너의 일을 끝내!

- Nous finissons à 9h.   우리는 9시에 끝낸다.

  Finissons à 9h !   (우리) 9시에 끝내자!

- Vous choisissez un cadeau. 당신은 선물 하나를 고른다.

  Choisissez un cadeau ! (당신) 선물 하나를 고르세요!

  Ne choisissez pas de cadeau ! (당신) 선물을 고르지 마세요!

3) 3군 동사 명령문

- Tu viens chez moi.   너는 우리 집에 온다.

  Viens chez moi !   (너) 우리 집에 와!

- Nous partons pour Paris. 우리는 파리로 떠난다.

  Partons pour Paris !   (우리) 파리로 떠나자!

· Vous écrivez. 당신은 적는다.

Écrivez ! (당신) 적으세요!

N'écrivez pas ! (당신) 적지 마세요!

✿ 잠깐!

– aller 동사는 -er 동사 그룹과 규칙 동일 : 2인칭 단수에서 s 삭제

· Tu vas aux toilettes. 너는 화장실에 간다.

Va aux toilettes ! (너) 화장실에 가!

☑ 하나만 더!

– 3군 동사 명령문이 불규칙한 형태를 취하는 경우

	이다, 있다, 하다 être	
너	tu	sois
우리	nous	soyons
당신(들)/너희	vous	soyez

· Tu es gentil avec moi. 너는 나에게 친절하다.

Sois gentil avec moi ! (너) 나에게 친절해!

· Nous sommes positifs. 우리는 긍정적이다.

Soyons positifs ! (우리) 긍정적이자!

· Vous êtes heureux. 당신은 행복하다.

Soyez heureux ! (당신) 행복하세요!

	가지다, 소유하다 avoir	
너	tu	aie
우리	nous	ayons
당신(들)/너희	vous	ayez

- Tu as du courage.　　　　　　　　　　너는 용기가 있다.

　Aie du courage !　　　　　　　　　　(너) 용기를 가져(용기를 내)!

- Nous avons confiance.　　　　　　　우리는 자신감이 있다.

　Ayons confiance !　　　　　　　　　(우리) 자신감을 갖자!

- Vous n'avez pas peur.　　　　　　　당신은 겁이 없다.

　N'ayez pas peur !　　　　　　　　　(당신) 무서워하지 마세요!

ÉTAPE 3.　QUIZ 연습 문제

Q. 다음 문장을 명령문으로 만들어보세요.

- Vous écoutez de la musique. 당신은 음악을 듣는다.

　_____ (당신) 음악을 들으세요!

- Tu vas chez Paul. 너는 Paul의 집에 간다.

　_____ (너) Paul의 집에 가!

- Tu es heureuse. 너(여자)는 행복하다.

　_____ (너) 행복해!

정답 Écoutez de la musique !
Va chez Paul !
Sois heureuse !

명령문

❶ 명령문 형태

1) 1군, 2군 동사 명령형 어미변형 규칙

	-er 동사(1군 동사)	-ir 동사(2군 동사)
tu	-e	-is
nous	-ons	-issons
vous	-ez	-issez

⚠ aller 동사는 -er 동사 그룹과 규칙 동일 : 2인칭 단수에서 s 삭제

❷ 명령문 활용

1) 1군 동사 명령문

Regarde ! Chantons ! Écoutez ! Ne fume pas !

2) 2군 동사 명령문

Finis ton travail ! Finissons à 9h !

Choisissez un cadeau !

3) 3군 동사 명령문

Va aux toilettes ! Partons pour Paris ! Écrivez !

Sois gentil avec moi ! N'ayez pas peur !

1) écouter 동사의 인칭별 명령형을 써보세요.

(Tu)	①
(Nous)	②
(Vous)	③

2) 주어진 문장을 명령형 문장으로 써보세요.

- (당신) 담배 피우지 마세요! → ① _____
- (우리) 선물 하나를 고르자! → ② _____
- (너) 봐! → ③ _____
- (너) 떠나지 마! → ④ _____

3) 빈칸에 être와 avoir 동사의 명령형을 써보세요.

- (너) 나에게 친절해! → ① _____ gentil avec moi !
- (너) 용기를 가져 (용기를 내)! → ② _____ du courage !
- (당신) 자신감을 가지세요! → ③ _____ confiance !

정답

1) ① Écoute ! ② Écoutons ! ③ Écoutez !
2) ① Ne fumez pas !
　② Choisissons un cadeau !
　③ Regarde !
　④ Ne pars pas !
3) ① Sois
　② Aie
　③ Ayez

나는 음악을 들으면서 일한다.

ÉTAPE 1. 오늘의 핵심 Point

제롱디프 (gérondif)
❶ 현재분사 형태
❷ 제롱디프 활용

ÉTAPE 2. 오늘의 학습 내용

■ 현재분사 : 영어의 ~ing 와 유사, '~하는'으로 해석

– 제롱디프 : 전치사 en + 현재분사, '~하면서'로 해석

en +	nous 인칭 동사 변형에서 어미(-ons) 삭제	+ ant

❶ 현재분사 형태
1) 1군 동사
• 1군 규칙 동사

동사원형	nous 인칭변형	현재분사
regarder	regardons	regardant
écouter	écoutons	écoutant

• 1군 변칙 동사

동사원형	nous 인칭변형	현재분사
manger	mangeons	mangeant
commencer	commençons	commençant

2) 2군 규칙 동사

동사원형	nous 인칭변형	현재분사
finir	finissons	finissant
choisir	choisissons	choisissant

3) 3군 불규칙 동사

동사원형	nous 인칭변형	현재분사
sortir	sortons	sortant
venir	venons	venant
prendre	prenons	prenant
faire	faisons	faisant

4) 다른 어간을 취하는 경우 (불규칙)

동사원형	현재분사
être 있다, 이다	étant
avoir 가지다, 소유하다	ayant
savoir 알다	sachant

❷ 제롱디프의 활용

– 주어 + 동사 + en 현재분사 : 주어는 ~하면서 ~한다.

· Je travaille.	나는 일한다.
+	
Je mange.	나는 (밥)먹는다.
Je travaille en mangeant.	나는 (밥)먹으면서 일한다.
· Je travaille.	나는 일한다.
+	
J'écoute de la musique.	나는 음악을 듣는다.
Je travaille en écoutant de la musique.	나는 음악을 들으면서 일한다.
· Je t'appelle.	나는 너에게 전화한다.
+	
Je sors.	나는 나간다(외출한다).
Je t'appelle en sortant.	나는 나가면서 너에게 전화한다.
· Il lit un livre.	그는 책을 (한 권) 읽는다.
+	
Il prend un café.	그는 커피를 (한 잔) 마신다.
Il lit un livre en prenant un café.	그는 커피를 마시면서 책을 읽는다.
· Je regarde la télé.	나는 TV를 본다.
+	
Je fais la cuisine.	나는 요리를 한다.
Je regarde la télé en faisant la cuisine.	나는 요리를 하면서 TV를 본다.
· Je chante.	나는 노래한다.
+	
Je me lave.	나는 씻는다.
Je chante en me lavant.	나는 씻으면서 노래한다.
Tu chantes en te lavant ?	너는 씻으면서 노래하니?

Q. 빈칸에 알맞은 현재분사를 고르세요.

· Elle parle en _____. 그녀는 (밥)먹으면서 말한다.
① mangant   ② mangeant   ③ mange

· Il téléphone à Julie en _____. 그는 외출하면서 Julie에게 전화한다.
① sortons   ② sortant   ③ sorti

Q. 다음 중 옳은 문장을 고르세요.

① J'écris prendant un café.
② Elles chantent en dansant.
③ Elle lis en parlante.

정답 ②, ②, ②

ÉTAPE 4. 마무리 정리

제롱디프

❶ **현재분사 형태**

nous 인칭 동사 변형에서 어미(-ons) 삭제	+ ant

1) 1군, 2군 동사 현재분사

regardant / écoutant / mangeant / finissant

2) 3군 동사 현재분사

venant / faisant

3) 다른 어간을 취하는 경우 (불규칙)

동사원형	현재분사
être 있다, 이다	étant
avoir 가지다, 소유하다	ayant
savoir 알다	sachant

❷ 제롱디프 활용

- 주어 + 동사 + en 현재분사 : 주어는 ~하면서 ~한다

Je travaille en écoutant de la musique.

Je regarde la télé en faisant la cuisine.

Je chante en me lavant.

ÉTAPE 5. Bonus 연습 문제

1) 다음 빈칸에 주어진 동사의 현재분사 형태를 써보세요.

écouter	①
finir	②
venir	③

2) 두 가지 문장을 결합하여 제롱디프 구문의 문장을 써보세요.

· Je t'appelle. + Je sors. → ① _____

· Elle lit un livre + Elle prend un café. → ② _____

· Je travaille. + Je mange. → ③ _____

3) 제시된 문장을 제롱디프 구문을 사용하여 프랑스어로 써보세요.

　　　• 그는 요리를 하면서 TV를 본다. → ① _____

　　　• 너는 씻으면서 노래한다.　　 → ② _____

　　　• 나는 음악을 들으면서 일한다. → ③ _____

정답
1) ① écoutant ② finissant ③ venant
2) ① Je t'appelle en sortant.
　　② Elle lit un livre en prenant un café.
　　③ Je travaille en mangeant.
3) ① Il regarde la télé en faisant la cuisine.
　　② Tu chantes en te lavant.
　　③ Je travaille en écoutant de la musique.

Leçon 37
우리는 TV를 봤다.

복합과거 (1)
❶ 과거분사의 형태
❷ 복합과거의 활용

■ 복합과거 : 영어의 **have + p.p** 와 유사, 동작의 완료성을 나타내는 과거 시제로 주로 '~했다'로 해석

인칭에 따른 avoir 동사 변형 (현재 시제)	+ 과거분사 (p.p)
→ 조동사	

❶ 과거분사의 형태

1) 1군 규칙 동사 : 동사원형의 어미 **-er**를 **é** 로 바꾼다.

−er → é	
parler	parlé
manger	mangé
travailler	travaillé
regarder	regardé

2) 2군 규칙 동사 : 동사원형의 어미 **-ir** 를 **i** 로 바꾼다.

−ir → i	
finir	fini
choisir	choisi
grossir	grossi

3) 3군 불규칙 동사 : 자주 등장하는 패턴을 기억한다.

−oire, −oir, −re → u	
boire	bu
vouloir	voulu
voir	vu
pouvoir	pu
devoir	dû
avoir	eu

−re → t	
faire	fait
écrire	écrit
dire	dit

−re → s	
prendre	pris
mettre	mis

4) 그 밖의 불규칙한 경우

être	été

❷ 복합과거의 활용

주어 인칭대명사	avoir 동사 인칭변형	과거분사
J'	ai	
Tu	as	
Il		parlé
Elle	a	mangé
Nous	avons	travaillé
Vous	avez	regardé
Ils		…
Elles	ont	

– 주어 + avoir 동사 + 과거분사 : 주어는 ~했다.

· Je parle à Emma.	나는 Emma에게 말한다.
J'ai parlé à Emma.	나는 Emma에게 말했다.
· Tu manges ?	너는 (밥)먹니?
Tu as mangé ?	너는 (밥)먹었니?
Oui, j'ai mangé.	응, 나는 (밥)먹었어.
· Il travaille.	그는 일한다.
Il a travaillé.	그는 일했다.
· Nous regardons la télé.	우리는 TV를 본다.
Nous avons regardé la télé.	우리는 TV를 봤다.

주어 인칭대명사	avoir 동사 인칭변형	과거분사
J'	ai	
Tu	as	
Il		
Elle	a	choisi
Nous	avons	fini
Vous	avez	grossi
Ils		…
Elles	ont	

· Je choisis un cadeau.　　　　　　　나는 선물 하나를 고른다.

　J'ai choisi un cadeau.　　　　　　나는 선물을 골랐다.

· Vous finissez vos devoirs.　　　　당신은 (당신의) 숙제를 끝낸다.

　Vous avez fini vos devoirs.　　　당신은 (당신의) 숙제를 끝냈다.

· Tu grossis.　　　　　　　　　　너는 살찐다.

　Tu as grossi.　　　　　　　　　너는 살쪘다.

주어 인칭대명사	avoir 동사 인칭변형	과거분사
J'	ai	
Tu	as	
Il		bu
Elle	a	fait
Nous	avons	pris
Vous	avez	…
Ils	ont	
Elles		

· Je bois un café.　　　　　　　　나는 커피를 마신다.

　J'ai bu un café.　　　　　　　　나는 커피를 마셨다.

· Elle fait du sport.　　　　　　　그녀는 운동을 한다.

　Elle a fait du sport.　　　　　　그녀는 운동을 했다.

· Ils prennent le bus.　　　　　　그들은 버스를 탄다.

　Ils ont pris le bus.　　　　　　그들은 버스를 탔다.

Q. 빈칸에 알맞은 과거분사를 고르세요.

- Elles ont beaucoup _____. 그녀들은 많이 일했다.
  ① travail ② travailler ③ travaillé

- Vous avez _____ ? 너희는 끝냈니?
  ① finissé ② finié ③ fini

Q. 다음 중 옳은 문장을 고르세요.

① J'ai écris une lettre.
② Tu as mangé ?
③ Elle as parlé à Luc.

정답 ③, ③, ②

복합과거 (1)

■ 복합과거 형태

인칭에 따른 avoir 동사 변형 (현재 시제)	+ 과거분사 (p.p)

❶ 과거분사의 형태

1) 1군 동사 과거분사 (-er → é)

   parlé / mangé / travaillé / regardé

2) 2군 동사 과거분사 (-ir → i)

   choisi / fini / grossi

3) 3군 동사 과거분사 패턴

(-oire, -oir, -re → u) bu / voulu / vu

(-re → t) fait / écrit / dit

(-re → s) pris / mis

❷ 복합과거의 활용

J'	ai	
Tu	as	
Il	a	parlé
Elle		mangé
Nous	avons	travaillé
Vous	avez	regardé
Ils	ont	...
Elles		

J'	ai	
Tu	as	
Il	a	choisi
Elle		fini
Nous	avons	grossi
Vous	avez	...
Ils	ont	
Elles		

J'	ai	
Tu	as	
Il	a	bu
Elle		fait
Nous	avons	pris
Vous	avez	...
Ils	ont	
Elles		

– 주어 + avoir 동사 + 과거분사 : 주어는 ~했다.

Tu as mangé ? Oui, j'ai mangé.

Vous avez fini vos devoirs.

Elle a fait du sport.

ÉTAPE 5. Bonus 연습 문제

1) 주어진 동사의 과거분사 형태를 적으세요.

parler	①	boire	④
manger	②	faire	⑤
finir	③	prendre	⑥

2) 현재 시제 문장을 과거 시제로 바꿔보세요.

    · Je mange.   → ① _____

    · Il travaille.   → ② _____

    · Je finis mes devoirs. → ③ _____

    · Je bois de l'eau.   → ④ _____

3) 제시된 문장을 과거 시제로 써보세요.

    · 나는 운동을 했다.   → ① _____

    · 그녀들은 버스를 탔다. → ② _____

    · 나는 살쪘다.   → ③ _____

    · 너는 TV를 봤다.   → ④ _____

정답

1) ① parlé ② mangé ③ fini ④ bu ⑤ fait ⑥ pris
2) ① J'ai mangé. ② Il a travaillé.
   ③ J'ai fini mes devoirs. ④ J'ai bu de l'eau.
3) ① J'ai fait du sport.
   ② Elles ont pris le bus.
   ③ J'ai grossi.
   ④ Tu as regardé la télé.

Leçon
38
우리는 공항에 도착했다.

ÉTAPE 1. **오늘의 핵심 Point**

> **복합과거 (2)**
>
> ❶ 왕래발착동사의 복합과거
> ❷ 대명동사의 복합과거

ÉTAPE 2. **오늘의 학습 내용**

- 복합과거 : 영어의 **have + p.p** 와 유사, 동작의 완료성을 나타내는 과거 시제로 주로 '~했다'로 해석.

인칭에 따른 être 동사 변형 (현재 시제)	+ 왕래발착동사, 대명동사의 과거분사(p.p)

⚠ 과거분사는 주어에 성·수일치

❶ 왕래발착동사의 복합과거

1) 왕래발착동사의 과거분사 형태

aller 가다	allé
venir 오다	venu
partir 떠나다	parti
arriver 도착하다	arrivé

entrer 들어가다	entré
sortir 나가다, 외출하다	sorti
passer 지나가다	passé
rester 머무르다	resté

monter 올라가다	monté
descendre 내려가다	descendu
tomber 넘어지다	tombé
rentrer 귀가하다	rentré

naître 태어나다	né
mourir 죽다	mort

☑ 하나만 더!

aller	⟷	venir
partir	⟷	arriver
entrer	⟷	sortir
passer		rester
monter	⟷	descendre
tomber		rentrer
naître	⟷	mourir

주어 인칭대명사	être동사 인칭변형	과거분사
Je	suis	
Tu	es	
Il	est	allé
Elle		venu
Nous	sommes	parti
Vous	êtes	arrivé
Ils	sont	sorti
Elles		…

⚠ 과거분사는 주어에 성·수일치

2) 왕래발착동사의 복합과거의 활용

– 주어 + être 동사 + 과거분사 : 주어는 ~했다.

· Je vais à l'école.　　　　　　　나는 학교에 간다.

　Je suis allé à l'école.　　　　　나는 학교에 갔다.

　Je suis allée à l'école.　　　　나(여)는 학교에 갔다.

· Tu viens en France ?　　　　　너는 프랑스에 오니?

　Tu es venu en France ?　　　　너(남)는 프랑스에 왔니?

　Tu es venue en France ?　　　너(여)는 프랑스에 왔니?

· Il part.　　　　　　　　　　　그는 떠난다.

　Il est parti.　　　　　　　　　그는 떠났다.

　Elle est partie.　　　　　　　그녀는 떠났다.

· Nous arrivons à l'aéroport.　　　　　우리는 공항에 도착한다.

　Nous sommes arrivés à l'aéroport.　우리는 공항에 도착했다.

　Nous sommes arrivées à l'aéroport.　우리(여)는 공항에 도착했다.

· Vous entrez dans la maison.　　　　당신은 집 안에 들어간다.

　Vous êtes entré dans la maison.　　당신(남)은 집 안에 들어갔다.

　Vous êtes entrée dans la maison.　당신(여)은 집 안에 들어갔다.

　Vous êtes entrés dans la maison.　너희는 집 안에 들어갔다.

　Vous êtes entrées dans la maison.　너희(여)는 집 안에 들어갔다.

· Vous êtes sorties de la maison.　　너희(여)는 집에서 나왔다.

· Ils passent devant le café.　　　　그들은 카페 앞을 지나간다.

　Ils sont passés devant le café.　　그들은 카페 앞을 지나갔다.

　Ils sont restés dans le café.　　　그들은 카페 안에 머물렀다.

· Elles sont rentrées.　　　　　　　그녀들은 귀가했다.

· Je suis né(e) en 2002.　　　　　　나는 2002년에 태어났다.

· Il est mort en 2017.　　　　　　　그는 2017년에 죽었다.

　Elle est morte en 2017.　　　　　그녀는 2017년에 죽었다.

❷ 대명동사의 복합과거

1) 대명동사의 과거분사 형태

se lever 일어나다	levé
se coucher 눕다	couché
se laver 씻다	lavé

⚠ 재귀대명사는 조동사 앞에 위치

주어 인칭대명사	재귀대명사	être동사 인칭변형	과거분사
Je	me	suis	
Tu	t'	es	
Il Elle	s'	est	levé couché lavé …
Nous	nous	sommes	
Vous	vous	êtes	
Ils Elles	se	sont	

⚠ 과거분사는 주어에
성·수일치

2) 대명동사의 복합과거의 활용

· Je me suis levé.	나(남)는 일어났다.
Je me suis levée.	나(여)는 일어났다.
Tu t'es levée à quelle heure ?	너(여)는 몇 시에 일어났니?
· Il s'est lavé.	그는 씻었다.
· Elle s'est couchée.	그녀는 누웠다(잠자리에 들었다).

Q. 빈칸에 알맞은 복합과거의 조동사를 고르세요.

- Ils _____ venus à la soirée. 그들은 파티에 왔다.
  ① ont ② être ③ sont

Q. 빈칸에 알맞은 과거분사를 고르세요.

- Vous êtes _____ à l'école ? 너희는 학교에 도착했니?
  ① arrivé ② arrive ③ arrivés

Q. 다음 중 옳은 문장을 고르세요.

① Je suis naîté en 1982.
② Tu te levé à 8h ?
③ Elles sont allées à l'aéroport.

정답 ③, ③, ③

복합과거 (2)

■ 복합과거 형태

인칭에 따른 **être** 동사 변형 (현재 시제)	+ 왕래발착동사, 대명동사의 과거분사(**p.p**)
	⚠ 왕래발착, 대명동사의 과거분사 → être 동사를 조동사로 하고, 과거분사는 주어에 성·수일치

❶ 과거분사의 형태

1) 왕래발착동사의 과거분사

aller 가다	allé	passer 지나가다	passé
venir 오다	venu	rester 머무르다	resté
partir 떠나다	parti	monter 올라가다	monté
arriver 도착하다	arrivé	descendre 내려가다	descendu
entrer 들어가다	entré	naître 태어나다	né
sortir 나가다, 외출하다	sorti	mourir 죽다	mort
rentrer 귀가하다	rentré	tomber 넘어지다	tombé

2) 대명동사의 과거분사

se lever 일어나다	levé
se coucher 눕다	couché
se laver 씻다	lavé

⚠ 재귀대명사는 조동사 앞에 위치

❷ 복합과거의 활용

1) 왕래발착동사

– 주어 + être 동사 + (왕래발착동사의) 과거분사 : 주어는 ~했다.

Je	suis	allé (e.s)
Tu	es	venu
Il / Elle	est	parti
Nous	sommes	arrivé
Vous	êtes	sorti
Ils / Elles	sont	...

⚠ 과거분사는 주어에 성·수일치

Je suis allé à l'école.

Tu es venue en France ?

Nous sommes arrivées à l'aéroport.

Ils sont passés devant le café.

2) 대명동사

Je	me	suis	
Tu	t'	es	
Il / Elle	s'	est	levé
Nous	nous	sommes	couché
Vous	vous	êtes	lavé
Ils / Elles	se	sont	...

⚠ 과거분사는 주어에
성·수일치

Je me suis levé.

Tu t'es levée à quelle heure ?

Il s'est lavé. Elle s'est couchée.

1) 주어진 왕래발착동사의 과거분사 형태를 적으세요.

arriver	①	sortir	④
monter	②	partir	⑤
descendre	③	venir	⑥

2) 현재 시제 문장을 과거분사의 성·수일치에 주의해서 복합과거 시제로 바꿔보세요.

- Elle vient en Corée. → ① _____
- (남성 복수) Nous partons. → ② _____
- (남성 단수) Je vais au café. → ③ _____
- (여성 단수) Vous entrez dans le café. → ④ _____

3) 제시된 문장을 복합과거 시제로 써보세요.

- 그녀는 내려갔다. → ① _____
- 그들은 공항에 도착했다. → ② _____
- 그는 일어났다. → ③ _____

정답
1) ① arrivé ④ sorti
   ② monté ⑤ parti
   ③ descendu ⑥ venu
2) ① Elle est venue en Corée.
   ② Nous sommes partis.
   ③ Je suis allé au café.
   ④ Vous êtes entrée dans le café.
3) ① Elle est descendue.
   ② Ils sont arrivés à l'aéroport.
   ③ Il s'est levé.

NEW 프랑스어 기초문법

초판 4쇄 발행 2024년 3월 4일

지은이 박미선, 시원스쿨프랑스어연구소
펴낸곳 (주)에스제이더블유인터내셔널
펴낸이 양홍걸 이시원

홈페이지 www.siwonschool.com
주소 서울시 영등포구 영신로 166 시원스쿨
교재 구입 문의 02)2014-8151
고객센터 02)6409-0878

ISBN 979-11-6150-118-5
Number 1-521106-17172300-04